营销渠道边界人员间关系对机会主义行为作用研究

——基于容忍视角

陈劲松/著

本书获国家自然科学基金项目“营销渠道边界人员对机会主义行为容忍及反应策略研究”（项目编号：71562003）和“关系取向对渠道成员机会主义行为的影响研究”（项目编号：71472153）、贵州财经大学2015年度引进人才科研项目、贵州财经大学重点学科专项建设经费资助

科学出版社

北京

内 容 简 介

现有营销渠道研究认为，中国环境中营销渠道间关系对渠道机会主义行为只具有约束作用。但本书作者研究发现，中国渠道间不仅存在正式的组织间关系，还存在非正式的边界人员间个人关系。渠道边界人员间存在的非正式关系对渠道间机会主义行为不仅具有约束作用，还通过边界人员间信任对组织间机会主义行为产生容忍作用。同时，由于渠道间边界人员扮演双重角色，对渠道间机会主义行为，也会基于个人和组织动机而产生对机会主义行为的容忍作用。渠道间边界人员基于不同动机对机会主义行为的容忍导致渠道组织之间产生强形式和弱形式的机会主义行为。此外，渠道之间的依赖关系和渠道边界人员的个人导向也对渠道机会主义行为的容忍作用产生影响。

本书可供市场营销专业学者共同探讨，也可供营销渠道管理实务工作者参考。

图书在版编目（CIP）数据

营销渠道边界人员间关系对机会主义行为作用研究：基于容忍视角/陈劲松著. —北京：科学出版社，2017.12

ISBN 978-7-03-051357-1

Ⅰ. ①营… Ⅱ. ①陈… Ⅲ. ①购销渠道–研究 Ⅳ. ①F713.1

中国版本图书馆 CIP 数据核字（2016）第 319673 号

责任编辑：马 跃 方小丽 / 责任校对：贾娜娜
责任印制：吴兆东 / 封面设计：无极书装

科学出版社出版
北京东黄城根北街 16 号
邮政编码：100717
http://www.sciencep.com

北京京华虎彩印刷有限公司 印刷

科学出版社发行 各地新华书店经销

*

2017 年 12 月第 一 版 开本：720×1000 1/16
2017 年 12 月第一次印刷 印张：9 3/8
字数：190000

定价：62.00 元

（如有印装质量问题，我社负责调换）

前　言

营销渠道成员既是合作完成商品销售过程的利益共同体和合作伙伴，又是独立的利益主体。利益共同体的关系要求渠道成员精诚合作，承担相应的渠道职责，维护渠道共同的利益，完善渠道功能，开拓市场。作为独立的利益主体，渠道成员需要谋求自身更大的利益，追求自身利益最大化，这可能会促使渠道成员采取机会主义行为使对方成员受损而让己方受益。渠道成员之间的这种博弈关系，使其面对对方机会主义行为时，普遍地采取不同程度和方式的容忍行为。基于关系（指私人关系 guanxi，而非组织间正式关系 relationship）而对机会主义行为容忍是比较普遍的现象。个人在渠道活动中扮演不同角色更使其对渠道中的机会主义行为容忍产生不同的影响。"关系到位，是事也不是事；关系不到位，不是事也是事。"这其中就包含了不同关系状况下，人们对待问题的不同容忍态度和不同的解决问题方式。

现有的营销渠道研究，对关系对机会主义行为的抑制效应给予了充分的重视，认为通过关系手段（与通过合同手段一样），可以治理渠道中的机会主义行为。但是，边界人员之间关系对渠道组织之间机会主义行为的容忍（从而导致放纵机会主义行为）问题却被忽视。边界人员会基于不同性质和强度的个人关系对渠道机会主义行为采取不同性质的容忍方式，而且其对机会主义行为容忍的动机和程度也有差异。

本书从营销渠道边界人员间关系出发，研究边界人员间关系对其基于个人和工作的双重角色对机会主义行为容忍的影响程度。其中包括由于营销渠道边界人员间关系对边界人员间人际信任产生影响，因该影响而对机会主义不同动机的容忍度的作用，即边界人员间人际信任对人际关系与对机会主义行为容忍的中介作用。同时，渠道成员之间不同的权力和依赖状况，导致边界人员间关系对机会主义行为容忍的影响、边界人员间人际信任对机会主义行为容忍的影响产生调节作用；边界人员个人关系导向同样也对边界人员间关系和对机会主义行为的容忍影响产生调节作用。由于边界人员基于不同动机对机会主义行为容忍，渠道成员之间不同类型的机会主义行为（违反合同约定的强形式机会主义行为和违反非合同约定的弱形式机会主义行为）发生的概率有所不同。

具体而言，本书分为六章。第 1 章为绪论，在营销渠道理论和实践分析的基础上引入边界人员对机会主义行为容忍的议题，并分析其意义。明确本书要完成的目标，阐明本书的框架和拟采用的研究方法、技术路线，为全书做好研究设计和整体布局。

第 2 章是对现有研究的相关文献进行回顾和述评。从机会主义行为及其治理的研究现状出发，探讨现有营销渠道机会主义行为及治理研究中，对机会主义行为研究中的静止化、表面化研究的局限；从营销渠道组织①间关系理论等角度回顾对边界人员间关系的相关研究，探讨从边界人员间关系角度研究营销渠道成员间关系的必要性和可行性；以容忍区理论为切入点，回顾渠道成员对机会主义行为容忍的研究，分析从边界人员间关系视角对营销渠道机会主义行为容忍影响研究的意义；通过对现有营销渠道间信任的分析，总结现有渠道关系信任研究的成果，探讨从人际信任角度研究渠道间关系（特别是边界人员对机会主义行为容忍问题）的价值；通过总结渠道间社会连带（人际关系）对渠道绩效的影响，发现现有渠道研究中的矛盾和空白之处，探讨本书的理论意义和实践价值。

第 3 章是讲概念模型与研究假设。通过总结本书将要采用的交易费用理论、容忍区理论、心理契约理论、角色理论、社会网络理论等，为本书奠定理论基础。以营销渠道边界人员间关系为基础，从“差序结构”理论、角色理论出发，分析边界人员间关系对基于不同动机（个人和工作）产生的营销渠道机会主义行为容忍的影响；从社会网络理论等角度分析营销渠道边界人员基于个人关系对人际信任的影响；同时，结合容忍区等理论，探讨边界人员人际信任对边界人员不同动机的机会主义行为容忍的抑制作用，并探讨人际信任在边界人员间关系和机会主义行为容忍中的中介效应；从渠道依赖和边界人员关系导向的角度研究其对边界人员间关系对机会主义行为容忍的影响，边界人员人际信任对机会主义行为容忍影响的调节效应。以心理契约理论和忽略偏见理论为基础，探讨边界人员不同动机对机会主义行为的容忍对渠道成员间不同形式机会主义行为（强形式机会主义行为和弱形式机会主义行为）的影响。通过以上分析，提出将要进行验证的模型和研究假设。

第 4 章是问卷调查研究设计与方法。针对本书的需要，对本书涉及的边界人员间关系、人际信任、机会主义行为容忍、渠道依赖、关系导向、机会主义行为等构念进行量表开发和完善，通过收集预调研数据对问卷进行前测，修正量表，并且采用正式调查问卷开展正式调研，获取实证研究所需要的数据。

① 本书中提到的组织具体是指商业小团体。本书中如无特别说明，“组织”皆此含义。

第 5 章是理论模型的实证检验。通过对正式问卷调查数据进行信度、效度分析，证明收集的数据能反映研究构念，满足研究需要。路径分析、中介效应检验、调节效应分析的实证结果显示：营销渠道边界人员间关系对边界人员基于个人和工作对机会主义行为的容忍有正向影响；边界人员间关系对边界人员间人际信任有正向影响；边界人员间人际信任对边界人员基于个人和工作对机会主义行为的容忍有负向影响；边界人员间人际信任对边界人员间关系影响边界人员基于个人和工作对机会主义行为的容忍具有中介效应；渠道依赖反向调节边界人员间关系对边界人员基于个人和工作对机会主义行为容忍的影响、边界人员间人际信任对边界人员基于个人和工作对机会主义行为容忍的影响；边界人员关系导向正向调节边界人员间关系对边界人员基于个人和工作对机会主义行为容忍的影响，但是边界人员关系导向调节边界人员间人际信任对边界人员基于个人和工作对机会主义行为容忍影响的假设没有得到支持；边界人员基于个人对机会主义行为的容忍正向影响强形式机会主义行为和弱形式机会主义行为；边界人员基于工作对机会主义行为的容忍正向影响强形式机会主义行为和弱形式机会主义行为。

第 6 章在总结本书结论的基础上，提出本书对营销渠道管理实践的启示，并分析本书的不足和需要改进的地方。

本书通过将营销渠道边界人员对机会主义行为容忍引入渠道关系研究中，探讨边界人员之间不同的人际关系对渠道成员机会主义行为的作用机理，揭开营销渠道中社会连带与渠道绩效之间的“黑箱”。本书的创新之处具体体现在以下几方面。

第一，创新性地研究了营销渠道边界人员基于人际关系对机会主义行为容忍问题，有益于完善营销渠道机会主义行为研究框架。本书从边界人员对机会主义行为容忍的视角，探索了营销渠道边界人员间关系对渠道机会主义行为的影响，弥补了现有营销渠道关系研究中对两者关系研究的不足，为未来研究提供了新的方向。

第二，创新性地论证了在个人容忍和人际信任的作用下，边界人员间私人关系对渠道机会主义行为作用影响呈现不同的方向，有助于渠道机会主义行为容忍的理论建构。本书探讨了边界人员间关系对边界人员基于不同动机对机会主义行为的影响，从直接的正向作用和通过人际信任的中介抑制作用两个不同的角度研究两者的关系，避免现有研究的单向性的问题，揭开两者关系中矛盾的“黑箱”。

第三，创新性地论证了边界人员基于不同动机对机会主义行为的容忍对不同类型机会主义行为的不同影响，深化了渠道机会主义行为容忍效果研究。通过对边界人员在营销渠道活动中扮演不同的角色导致渠道中不同形式的机会主义行为的研究，深入了对渠道间机会主义行为形成机理的研究，为渠道中机会主义行为治理开辟了新的视角。

本书在理论方面和管理实践方面做出了一定的贡献，但是在数据收集和研究外部效度等方面，还存在研究局限。例如，本书主要基于时点数据对问题展开研究，没有对问题进行多时点比较研究；本书数据收集主要集中在家具、医药等行业，涉及的行业有限，研究的外部效度有待提高；本书关于组织间关系对问题的影响的研究中，只选择了“渠道依赖”这一个影响最大的变量，而对于其他也会对研究问题产生影响的因素并未引入相关变量。这些研究局限，将使本问题在未来的研究中还有较大的拓展和深入的空间。

目　录

第1章　绪　论

渠道管理的基本目标是加强渠道成员之间的合作、提高渠道合作的满意度、降低渠道成员之间的冲突水平、提高渠道合作的未来预期效果，从而达到提高组织之间合作水平进而提高渠道长期和短期收益的目的。尽管渠道成员都有这样共同的愿望，但是在实际合作过程中，渠道成员之间的利益并不是完全一致的。在某些情况下，渠道成员之间的利益经常会存在此消彼长、接近零和博弈的状态。也就是说，渠道成员可能因为自己的利益，而做出对其他渠道成员利益产生损害的行为，即机会主义行为。目前理论界对渠道机会主义行为的研究不谓不多，但现有研究对下文所述案例中反映出来的、在渠道中普遍存在的问题却缺乏解释力。

DZR 是一家上市公司旗下的子公司，成立于 20 世纪 90 年代，从事家具的生产和销售，在家具行业的一个细分领域拥有多项专利。公司产品在细分市场上享有很好的口碑，在该领域内处于领先地位。由于该公司的业务和母公司的其他业务相关性很弱，母公司产品和品牌不能惠及子公司，子公司不能和母公司共享产品分销渠道；公司在成立初期，员工主要来自母公司。鉴于家具这一行业的特点，为了尽快将产品推向市场，产品上市初期，公司采用自建渠道的方式向全国主要大中城市销售产品。公司自建产品销售渠道解决了产品迅速推向市场的问题，但也带来了渠道建设和维护成本太高、管理困难等问题。

进入 21 世纪，该公司对营销渠道进行全面调整，陆续将自建渠道改为经销商加盟的区域独家经销的营销渠道。公司的经销商主要来自三个方面：①经销商以前就是企业自建渠道的人员（拟内部人员关系），这些人员看好公司的产品的销售市场，脱离企业人员编制，转而成为部分区域的经销商。由于这些经销商以前本来就是公司的员工，或者是企业员工的亲属，与公司及公司内部人员具有比较紧密的连带关系。②经销商是一些以前与企业有业务往来的供应商、广告协作商，或者以前企业的其他合作伙伴（称为朋友关系），通过接管企业的另外一部分区域销售渠道成为公司的经销商。由于这些经销商在渠道转型前就是公司的合作伙伴，或者说是公司内部人员的朋友，与公司内部人员具有较长的合作经历，从而与公司内部人员具有较强的信任关系。③经销商是公司向社会招商而建立的营销渠道成员。这些营销渠道中经销商和公司内部人员之间的连带关系较弱，基本是社会交换关系（交易性关系）。公司和经销商之间这三种连带关系，主要是通过公司直接管理人员和经销商之间形成的。这三种关系的连带强度由强到弱，代表了一般关系的三种状态。

经过十多年的合作，该公司发现，以上三种经销商和公司边界人员的关系，导致了经销商不同类型和频率的机会主义行为。第一种关系状态（拟内部人员关系）下，经销商和公司渠道管理人员之间是以前的同事或者亲戚（或亲戚连亲戚）的关系，渠道管理人员碍于面子或情感，对经销商机会主义行为的管理采取睁一只眼闭一只眼的方式，导致经销商不仅有私下的、公司所不知道的机会主义行为（弱形式的机会主义行为），而且有很多很容易被发现的、甚至公开的机会主义行为（强形式的机会主义行为）。第二种关系状态（朋友关系）下，公司渠道管理人员和经销商之间是互相比较信任的朋友关系，由于江湖或哥们义气，经销商不好意思做出有损于公司利益的机会主义行为，经销商的强形式机会主义行为和弱形式机会主义行为都比较少。第三种关系状态（交易关系）下，公司渠道管理人员和经销商之间个人情感关系较弱，渠道管理人员一般通过双方的合同来约束经销商的行为，经销商公开的机会主义行为（强形式机会主义行为）就比较少，渠道中往往以弱形式机会主义行为的方式存在。

以上现象给公司渠道管理实务和现有文献提出了以下几个不能解释的问题。

第一，现有的习惯思维和文献几乎都认为，渠道间关系强度越高，渠道间机会主义行为越少，但现实中关系强度越高或越低都不是最好的现象。

第二，传统的研究几乎都采用组织之间关系来研究渠道关系，认为渠道关系就是组织之间正式的交易关系，个人关系[①]在其中只产生较小的影响，但在现实中并非如此。

第三，现有的文献和现实都认为是组织之间的信任和承诺对组织之间机会主义行为的发生产生了作用，但仅通过信任和承诺并不能解释本问题。

第四，现有的文献和实务工作者并没有就不同组织边界人员间个人关系产生不同类型机会主义行为进行思考和研究，以至于机会主义行为被当成了统一的概念。

为什么组织边界人员间关系对组织绩效既可能呈现资本态势而给组织带来利益，也可能因为资本负效应而给组织带来损害？特别是人际关系对组织的负效应，是什么原因造成的，一直没有科学而完整的研究和解释。这种作用机制不明，导

---

① 这里的“关系”是指私人关系 guanxi，而非组织间正式关系 relationship。本书中如无特别说明，“关系”皆此含义。

致渠道绩效和组织边界人员间关系的结论不清。本书拟通过以下几方面从理论上做出贡献。

第一，将边界人员对机会主义行为的容忍引入研究框架，有益于完善营销渠道机会主义行为的研究。

以前国内外对渠道机会主义行为的研究框架，主要是在基于交易费用理论的机会主义行为对渠道危害、渠道成员间基于权力的依赖关系，基于合同和关系手段的机会主义行为治理等视角下展开，这些研究对揭示渠道机会主义行为形成的正式机构基础和治理策略无疑是有益的，对渠道实践具有指导意义。但是，大量的事例表明，渠道机会主义行为与边界人员间关系紧密，特别是渠道机会主义行为与边界人员对机会主义行为的容忍密切相关。正是基于边界人员对机会主义行为的容忍出发点和容忍度不同，其容忍心理和行为，对渠道对方成员机会主义行为具有不同的影响。这一研究范式弥补了现有渠道机会主义行为研究中简单化的研究范式的缺陷，完善了渠道机会主义行为研究框架，使渠道关系研究更接近于营销渠道管理的实践。

第二，本研究以边界人员间关系作为对机会主义行为容忍的前因，有助于渠道机会主义行为容忍的理论建构。

现有的营销渠道研究，多数是将组织作为一个整体，基于组织之间关系开展研究。但是渠道成员之间需要完成的功能，却需要边界人员来实现，边界人员因素就会不同程度地影响组织之间关系的处理过程，特别是在人情社会背景下，边界人员之间关系等因素对渠道关系的影响更大。渠道边界人员个人因素不可避免地带入渠道互动过程中，特别地关系因素中的人情、感情、面子等维度会对渠道成员之间互动过程产生重要影响，对渠道机会主义行为容忍也产生不可忽视的作用。

第三，将边界人员基于不同角色对机会主义行为容忍纳入机会主义行为容忍框架，深化了渠道机会主义行为容忍研究。

由于边界人员在渠道关系活动中，受委托代理作用的影响，扮演着不同的角色(个人角色和工作角色),不同的因素对其扮演的不同角色产生不同的容忍效应。组织行为本质上是承担组织任务的人员行为的综合，相应地，组织间行为，就是由各组织中的人员进行的角色行为的结合，特别是各组织中承担组织间连接任务的人员（边界人员）的活动行为，会对组织间行为产生巨大的影响。企业渠道成员之间物流、商流、信息流等商业活动，绝大多数都是由渠道成员间的边界人员完成的。个人在组织中充当了不同的角色——工作角色和个人角色，个人在组织中的行为带有很强大的个人色彩，特别是，华人社会是一个人情色彩更浓的社会，个人色彩在组织行为中就显得更加突出。目前从人际关系出发，研究机会主义行为的内在机理还很薄弱，本书拟在这方面做出自己的努力。

第四，本书拟就社会连带对机会主义行为的负面影响开展创新性研究。人际关系一般都被认为是能给组织创造价值的关系资本。但是这种资本对组织的作用效果却是双面的，既可能给组织带来利益，也可能给组织造成损失。现有的研究往往将组织行为作为一个有机的机构行为，或者将组织行为认为是具有完全理性的行为者代表组织开展的活动。这样，研究就忽略了个体成员在承担组织活动时的感性色彩，特别是组织之间的连接，都是由个人之间的连接来完成的，个人之间关系在其中发挥着重要的作用。不同的关系性质和强度，对边界人员个人连接方式产生很大影响，从而对组织之间的连接方式产生重大影响。多数学者从社会连带和社会资本的角度认为，可以将华人间关系看做企业的一项社会资本，更高关系强度给个人之间带来更高的信任度，组织之间的信任度也更高，从而会推动组织之间建立更高的承诺，提高组织之间的合作深度和效率，降低谈判和监督等交易费用，从而达到提高组织间合作效率的目的。但是，也有部分学者认为，人际关系对于组织而言，不完全是一项可以给组织带来利益的资产，也可能会因为组织间人员关系，使组织间边界人员由于更多考虑个人利益而通过合谋等方式危害组织利益，这种关系被称为社会资产的负效应。本书在探索人际关系对组织信任具有提高效果的同时，也通过组织成员对机会主义行为的容忍度扩大的视角，创新性地研究人际关系对渠道绩效的负面影响。

同时，本书在实践方面具有以下贡献。

第一，充分认识边界人员对机会主义行为的容忍现象，加强渠道边界人员管理。

渠道中机会主义行为的产生和抑制，有合同约束的原因，有渠道边界人员间关系信任的原因，更有渠道管理边界人员对机会主义行为容忍的原因。特别是从边界人员基于不同角色对机会主义行为的容忍而产生的不同频率和类型的机会主义行为，这是一个容易被忽略的问题。由于渠道成员之间关系往往是通过边界人员间关系来产生作用的，不同的渠道边界人员间关系性质和强度对渠道成员之间的机会主义行为会产生不同的影响。企业在进行渠道设计和管理的过程中，就需要考虑渠道边界人员间关系对可能发生的机会主义行为产生的影响，对边界管理人员进行选择和管理。

第二，加强对边界人员基于个人关系对机会主义行为容忍有针对性地进行制度设计和管理。

从渠道边界人员间关系的性质出发，企业需要考虑边界人员在渠道成员间交往过程中扮演着双重角色：一方面是完成组织赋予的职责的组织角色，另一方面是由于个人间关系而扮演的个人利益或关系利益代表的角色。因此，将渠道边界人员间关系角色划分为两个角色进行研究，可以更加全面地反映因不同角色而使边界人员对渠道成员机会主义行为容忍的不同。针对不同角色对机会主义行为的容忍，渠道管理部门应该有相应的制度设计进行管理，降低渠道中的机会主义行为。

第三，加强渠道边界人员间关系引导和管理，趋利避害，使边界人员间关系为企业服务。

一般认为，渠道边界人员间关系强度对机会主义行为具有抑制作用，其作用机制为渠道边界人员间关系强度通过影响边界人员间关系信任[①]，进而对机会主义行为产生影响，但是在有渠道边界人员对机会主义行为因人际关系而产生容忍效应的情况下，渠道边界人员间关系对机会主义行为就要复杂得多，如何全面地认识这种双重作用的效果，是渠道管理实务需要解决的问题。在认识到渠道边界人员间关系对渠道绩效的双刃剑的前提下，加强对边界人员间关系的正确引导和管理，充分发挥关系的正效应而避免其对渠道的破坏性具有重要意义。

本书为渠道研究理论和实践工作解决了渠道边界人员间关系因为关系信任和边界人员不同角色产生的容忍对不同类型和频率的渠道机会主义行为产生的影响，从而打开了渠道管理理论研究并使实践工作解决了因渠道边界人员不同人际关系对渠道绩效产生不同影响的“黑箱”，为营销渠道管理做出理论和实践的补缺工作。

具体而言，本书将以家具、医药等行业为研究背景，研究营销渠道边界人员间不同类型和强度的人际关系对渠道机会主义行为产生的影响，从而研究其对营销渠道产生的最终影响。本书主要要实现以下几个目标。

第一，通过多个行业企业营销渠道的生产商与产品经销商之间边界人员间关系的不同类型和强度对边界人员因不同角色而产生的对机会主义行为容忍度的影响研究，探索渠道边界人员间关系对容忍产生的影响。

第二，研究因渠道边界人员间关系产生的信任对边界人员不同角色容忍的影响，引入营销渠道边界人员间关系信任对机会主义行为容忍和产生的不同类型机会主义行为的抑制效应，分析其影响结果。

第三，研究因营销渠道边界人员基于不同角色动机对机会主义行为的容忍不同，导致渠道中对方成员不同类型的机会主义行为的影响，从而实现边界人员不同角色容忍对机会主义行为的分类研究。

第四，研究营销渠道之间因权力等因素产生的渠道依赖对边界人员间关系与对机会主义行为的容忍、渠道边界人员因关系信任对机会主义行为容忍影响的调节作用，探索渠道边界人员间关系对机会主义行为容忍影响存在的边界。

第五，研究边界人员关系导向对边界人员间关系与对机会主义行为的容忍、渠道边界人员因人际关系信任对机会主义行为容忍影响的调节作用，探讨边界人

①如无特殊说明，本书中边界人员间信任均指边界人员间人际信任。

员个人关系导向因素对关系与容忍的影响效果。

根据上述研究目标，本书从以下几方面对问题展开研究。

第一，对本书涉及的现有相关文献进行回顾、总结、梳理，探索现有研究在理论研究中被忽略的地方，为本书做文献准备，探求本书可能的理论逻辑和可能的创新。

第二，在文献梳理的基础上，寻求本书所需的解释理论：交易费用理论、容忍区理论、心理契约理论、角色理论、社会网络理论等，从理论和逻辑上为实证研究找到理论支撑。

第三，引入边界人员对机会主义行为容忍的概念，研究渠道边界人员间关系的不同类型和强度对人际关系信任和不同角色机会主义行为容忍的影响，探索边界人员间关系对边界人员机会主义行为容忍的作用规律。

第四，研究渠道边界人员基于人际关系的信任对不同角色机会主义行为容忍的影响，这一研究将现有的人际关系信任这一中介变量的研究与对机会主义行为容忍衔接起来。

第五，研究渠道边界人员间容忍对不同类型机会主义行为的影响，通过这一研究，揭开边界人员间关系对机会主义行为影响的黑箱。

第六，研究渠道依赖和边界人员关系导向对边界人员间关系与机会主义行为容忍、边界人员间信任与边界人员对机会主义行为容忍之间作用的调节效应，探索本书的边界。

本书的基本研究框架如图 1-1 所示。

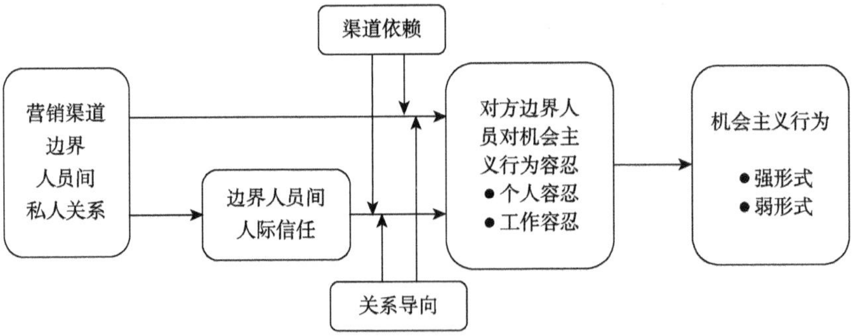

图 1-1　基本研究框架

本书的研究技术路线如图 1-2 所示。

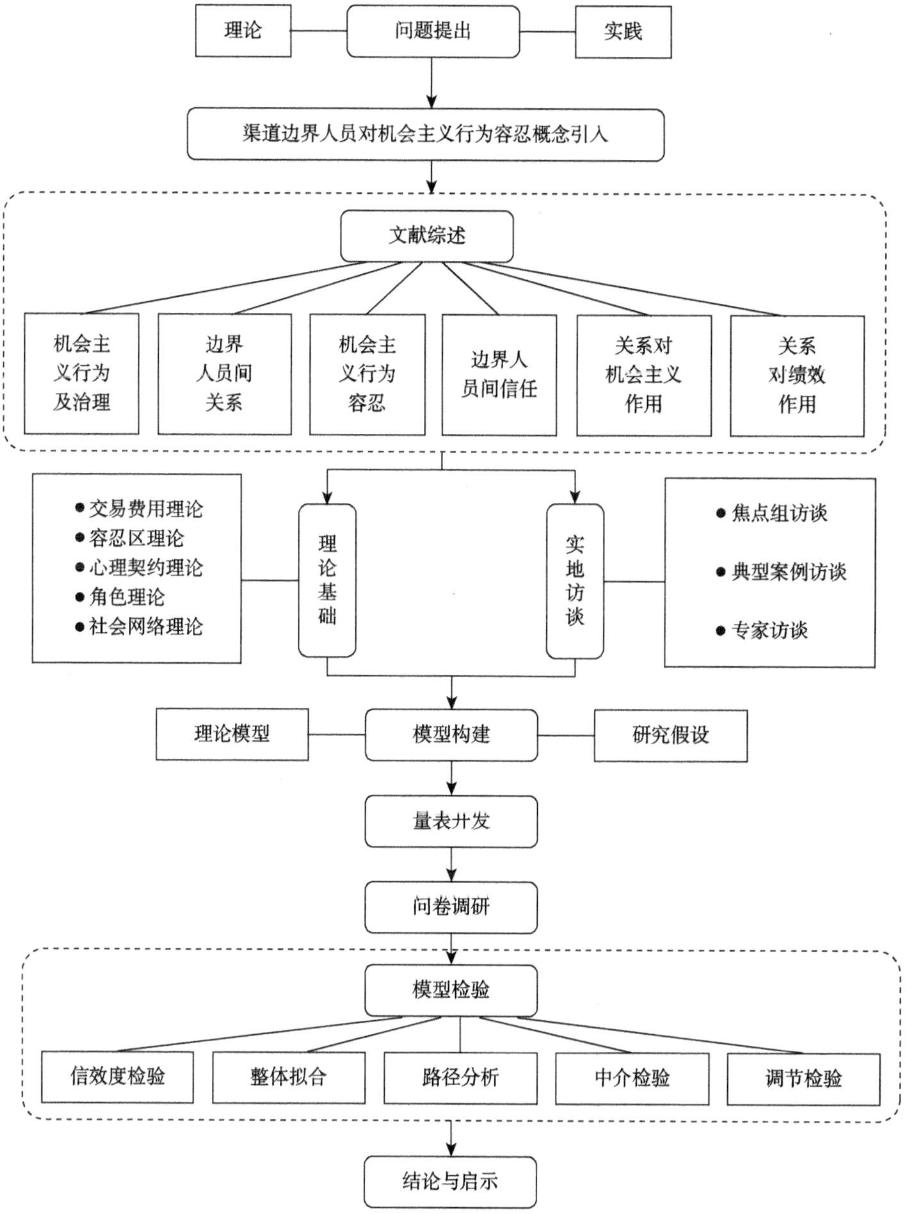
理论
问题提出
实践
渠道边界人员对机会主义行为容忍概念引入
文献综述
机会主义行为及治理
边界人员间关系
机会主义行为容忍
边界人员间信任
关系对机会主义作用
关系对绩效作用
交易费用理论
容忍区理论
心理契约理论
角色理论
社会网络理论
理论基础
实地访谈
焦点组访谈
典型案例访谈
专家访谈
理论模型
模型构建
研究假设
量表开发
问卷调研
模型检验
信效度检验
整体拟合
路径分析
中介检验
调节检验
结论与启示

图 1-2 研究技术路线图

第 2 章　文献回顾与研究述评

2.1　机会主义行为及其治理

2.1.1　机会主义行为

机会主义行为是“以诡计寻求自利”的行为（Williamson，1975），交易的一方组织不顾所采取的行为对其他组织的伤害，利用信息优势，通过隐瞒或歪曲信息、不履行承诺或推卸责任等，牺牲其他组织成员的利益而使自我利益最大化。机会主义行为实质就是“损人利己”的行为。在渠道成员之间的合作过程中，渠道成员的共同目的都是通过双方（或多方）的努力和合作，使产品生产和销售的物流、商流、信息流、资金流等正常流动，从总体上来看渠道成员各方的利益是一致的，目标都是使供应链整体利益最大化。但是，由于各个渠道成员又是单独的利益个体，在某些渠道成员之间“零和博弈”的环节，或者基于对渠道长短期利益追求不同，各个组织在经营活动中追求自身利益最大化的过程中，不可避免地会损害其他渠道成员的利益。机会主义行为对合作伙伴专用资产造成伤害，增加了组织间的交易费用。社会组织间交易费用问题实际是反映社会交易效率的问题，产生交易费用的原因之一就是不同利益主体之间的机会主义行为（陈劲松等，2013）。

2.1.2　机会主义行为分类研究

很多研究将组织成员间损人利己的机会主义行为一味地、笼统地看待，但是，由于机会主义行为的表现形式是多样的，对其进行分类研究也是很必要的。Williamson（1975）将一般意义的机会主义行为分为积极的（active）和消极的（passive）两种。渠道成员之间一般都通过正式或非正式的协议规范相互的权利和义务，但在具体营销活动中，为了获取更大的利益，渠道成员可能主动采取行动，违背这些正式的或非正式的契约，这种采取行为违背正式或非正式契约而为自己谋利的行为就是积极的机会主义行为。另外，渠道成员之间的很多活动，可能并没有通过正式或非正式的契约形式进行约定，但是渠道成员又期望对方实施。渠道成员基于成本最小化（或利润最大化）目的，可能未履行对方期望的这些活动，这种行为就是消极机会主义行为。就其本质而言，积极机会主义和消极机会主义分别对应于有作为（commission）和不作为（omission）行为，前者的目的在于获得更多的利益，后者的目的在于减少成本或费用支出。Wathne 和 Heide（2000）进一步将机会主义行为的形式与组织面临的环境进行结合，总结出了行为—环境范式，将机会主义具体划分为如下四种类型：原有环境下的积极机会主义，即侵害（violation），如通过窜货、违约销售其他竞争商品等形式谋利；新环境下的积极机会主义，即强制让步（forced renegotiation），如利用信息优势等方式在经销等方面索要更优的条件等；原有环境下的消极机会主义，即逃避（evasion），如未向对方提供有利于对方而不利于本方的信息等；新环境下的消极机会主义，即拒绝调整（refusal to adapt），如在新环境下不采取恰当行动而使对方受损。

将渠道中的机会主义行为划分为主动机会主义行为和被动机会主义行为的划分方式未必完全适合（Luo，2006）。Luo（2006）将机会主义行为分为违反合同的强形式的机会主义行为和违反非合同的约定和规范的弱形式机会主义行为。在中国，人们除了依靠明确的合同约定来约束双方的互动行为外，还存在大量的非合同的、隐形的约定或约定俗成的规范。渠道成员之间的有些行为是公开违背合同约定的，如双方约定的信息共享、销售区域限制、专有资产投资、销售合作等，违反这些合同约定的行为就是强形式机会主义行为；面对现实的不确定环境，渠道成员之间还存在大量的非合同约定和规范，渠道成员之间只是口头达成的某种共识，或者在环境变换的情况下需要做出有利于渠道双方的调整，违反这些非合同规范的行为就是弱形式机会主义行为。尽管表现形式不同，但无论是强形式机会主义行为还是弱形式机会主义行为，只要是渠道成员之间实施的损人利己的行为都是机会主义行为。由于强形式机会主义行为直接违背渠道成员之间合同约定，所以表现形式更表面化、直观，更不给“面子”，更容易引起渠道成员之间的剧烈冲突；弱形式机会主义行为只是违背合同外的共同认识，行为更隐蔽，可能会造成渠道成员受害方“哑巴吃黄连，有苦说不出”，但是这种行为会伤害双方关系，降低渠道满意度。

本书采用 Luo（2006）对机会主义行为的划分方式，将营销渠道成员间的机会主义行为划分为强形式机会主义行为和弱形式机会主义行为。采用这种划分方式的原因是：首先，将机会主义行为划分为强形式和弱形式，本质上与 Wathne 和 Heide（2000）将机会主义行为划分为露骨的机会主义行为和合法的机会主义的划分方式是一致的，这种划分方式具有理论和前期研究基础。其次，本研究的重点是边界人员间关系对机会主义行为的影响，特别是因为边界人员社会连带不同而对渠道中机会主义行为的容忍问题，其内容属于关系治理的范畴，人际关系本身也属于社会规范的内容。因此，将机会主义行为划分为强形式机会主义行为和弱形式机会主义行为具有现实操作基础。最后，渠道之间机会主义行为的治理方式分为合同治理和规范治理，通过两种治理方式约束渠道中边界人员的不同机会主义行为，就成为顺理成章的理论逻辑。因此，将机会主义行为划分为强形式机会主义行为和弱形式机会主义行为，为后续研究提供了方便，开拓了研究空间。

2.1.3 机会主义行为治理理论

机会主义行为会对合作伙伴专用资产造成伤害，增加组织间的交易费用。因此，机会主义行为治理的重要目标就是通过组织之间的相互活动来减少机会主义行为，降低交易费用。机会主义行为治理机制就是一种用来确立和建构交易关系的工具（Heide，1994），目的就是保护组织的专用资产（Jap and Ganesan，2000）、改善组织之间的关系质量（Poppo and Zenger，2002）、减少机会主义行为（Brown et al.，2000）、降低交易费用，提高组织间交易绩效。Williamson 和 Ouchi（1980）认为治理（governance）是一个不同企业（组织）之间“组织交易的方式”。Palay（1984）则认为渠道成员间的机会主义行为治理是“开始、谈判、监督、修改和终止合同”而进行的渠道成员之间制度规则的建设和调整。针对渠道成员之间可能发生、正在发生或已经发生的影响渠道成员之间合作的不和谐行为，渠道成员需要在多种方式中选择一种或多种组合方式来处理。

2.1.4 机会主义行为治理方式

由于机会主义行为实质上是组织成员损人利己的行为，这种行为对渠道关系具有极大的破坏效果。因此，治理渠道成员之间的机会主义行为就成为渠道管理的重要内容。交易成本理论的研究主要集中在选择合适的机会主义行为治理机制（Wuyts and Geyskens，2005）。Williamson（1985）指出，不同的治理方式对渠道混乱（机会主义）的作用效果有所不同。机会主义行为的一种治理机制是经济机制，通过组织之间正式的所有权控制、专用资产投资和制度监督等正式的制度设计或经济刺激来降低交易的不确定性，保护专用资产，达到降低交易费用的目的；另一种机会主义行为的治理机制是社会化治理机制，这种治理机制通过建立关系规范和组织间信任，跨组织地建立统一目标并进行有效合作，达到控制投机行为的目的（Luo，2006）。通过社会资本，控制组织之间的机会主义行为，降低交易费用，就是后一种机会主义行为治理机制的具体方式之一。

合同治理和关系治理这两种机会主义行为治理的主要方式，出发点和治理方式是不同的。合同治理方式是通过正式的、“白纸黑字”的合同，界定渠道成员各方的权利和义务，有利于在渠道关系中找到行为的正式依据，并为出现纠纷后找到正规化的条文依据。关系治理则通过渠道成员之间非正式化的口头约定，或者通过渠道成员之间约定俗成的行为规范，或者从“情理”上、心理上认定的规范，这种规范可以使渠道成员之间基于和谐、友善的动机约束自己的行为，减少机会主义行为的发生概率。究竟哪种治理方式更有效，现在研究存在分歧。Brown 等（2000）认为正式的合同治理方式可以减少机会主义行为，Cannon 等（2000）认为合同对降低机会主义行为无效。Heide 和 John（1992）认为通过关系规范建立共享价值观可以限制机会主义行为，Wathne 和 Heide（2000）认为关系治理在营销渠道机会主义行为治理实践中并不总如人意。有的学者建议将合同和关系治理进行分类研究（Wathne and Heide，2000；Luo，2002，2006；任星耀等，2012a）。Heide（2003）认为可以同时使用合同治理和关系治理两种手段，约束渠道成员的机会主义行为。Cannon 等（2000）则认为由于合同治理和关系治理的理论基础不同，两者的相容性存在问题。

2.1.5　机会主义行为及其治理研究述评

从以上对机会主义行为及其治理内容的回顾我们可以看到，渠道成员间的机会主义行为作为经济人的一种自利行为，普遍存在于组织交换活动中。这种损人利己的行为，表现形式是多样化的，笼统的研究可能遗漏其内部的差异性，导致治理措施不完全有效。本书采用将组织间机会主义行为划分为强形式机会主义行为和弱形式机会主义行为展开研究，可以揭开不同机会主义行为产生的内在逻辑的差异性，同时还可以探索不同机会主义行为治理方式对不同性质机会主义行为治理有效性的研究。特别是本书从组织间边界人员间关系容忍和信任的视角，探索不同形式机会主义行为产生的机理和产生频率，从而提出了机会主义行为作用机制研究的新视角，也为机会主义行为治理研究探寻新的方向。

2.2　营销渠道边界人员间关系

2.2.1　边界人员间关系

边界人员就是有联系的组织之间承担连接双方活动功能的人员（Evan，1966）。组织之间的关系互动，一般都是以组织之间边界人员的互动行为为基础的，边界人员间互动行为又受到边界人员间关系的影响。因此，组织边界人员间关系将最终影响组织间关系的存在和发展的质量，从而影响组织双方的绩效（Adrian et al.，1995；Golicic and Mentzer，2005）。营销渠道间关系属于组织间关系。营销渠道这种组织间关系，并非完全属于正式的、组织利益架构下的组织关系。由于营销渠道之间的活动都需要边界人员来完成，不可避免地，渠道间关系就或多或少地带有边界人员间关系的色彩，或者说边界人员间关系不同程度地影响了渠道成员间关系。

一般所说的关系，是比较宽泛的，指一种存在于物体、力量及人与人之间的关系。但是当关系特指人际关系时，就成为包含植根于儒家文化的社会联系、社会交往、人际互动等相互作用的联系，更详细地说就是基于华人社会心理的、以血缘、地缘、业缘为基础的社会和人际连带关系。人际关系作为个体层面的概念，一般并不完全显性地存在，而是往往隐性地存在于人与人之间，将个体成员或紧或松地连接起来，并形成更大的网络，就是关系网（Yang，1993）。这种关系不仅是正式交往方式，更是非正式、特定的人际交往方式，被连接的关系双方或多方都要遵守被共同认可的社会隐性心理契约，如关系各方相互信任、忠诚等权利和义务（Tsang，1998；Chen et al.，2004）。关系的人际连接，不仅包含了以利益的实现为基础的成分，更包含了具有华人特色的以感情交换为目的的因素，而且这两者经常交织在一起，不断积累、转换和演化。

2.2.2 关系的组织间作用理论

社会资本体现在组织之间，就是关系的经济效应。20 世纪 60 年代，社会学大师怀特及其后继者布尔曼、布里格和弗里曼等，由数学的图形理论导演出来的一套数学分析方法，对网络结构进行了有效的测量，从而使社会网络理论作为显学而为许多学科所接受。我国组织间社会资本研究最具本土化色彩的研究始于费孝通（1948）的“差序结构论”。该理论认为，由于人际间关系亲疏远近不同，华人社会形成了一个差序格局，即由内而外的一层一层关系网络，不同层的关系网络使各方在互动过程中遵守的行为规范不同。我国在心理学上的研究成果也使社会连带理论的本土化不断发扬光大。黄光国（1988）在费孝通的“差序结构论”基础上，指出中国人的差序格局每一层都适用于不同的交换关系，分别是情感性关系、工具性关系和混合关系（混合了情感与工具交换的关系），这种关系圈子分别被称为家人、熟人及生人。近年来经过其他学者的不断努力，我国的组织间社会连带理论不断发展，并形成了具有华人特色的社会连带理论，同时开发出了较有效的工具对华人社会连带进行测量。相应的应用性研究也开展起来，如社会连带理论应用于市场营销学就取得了不错的成果。

2.2.3　基于嵌入的渠道间关系

针对主流经济学及社会学原有方法论对交易费用理论解释的缺陷，Granovetter（1973）基于嵌入的角度认为，工业社会中社会结构和经济活动之间是交互作用的。Granovetter 改变了传统经济学理性经济行为人的分析假设，将嵌入性分析视角作为经济活动分析的逻辑起点，同时将嵌入分为关系性嵌入与结构性嵌入。此外，为了使组织间行为分析更具有可操作性，Granovetter 将人际关系网络作为嵌入的具体内容。IMP（Industrial Marketing and Purchasing Group，即欧洲产业营销和研究机构）集团（Hagg and Johanson，1983）及其他学者建议把交易嵌入在随时间而发展的关系的观点应用到组织之间的研究中，开拓新的研究视角。青木昌彦（2001）运用博弈论的方法对嵌入性问题展开分析，分析了社会的六个基本单元，即交换域、交易域、组织域、组织场、公共资源域和政治域，拓展了嵌入性理论的分析范围。由此可以看出，嵌入理论将社会和人际的嵌入作为组织间互依互动的基础，为研究社会连带对交易费用作用机制提供了启示。该理论认为组织之间的社会连带实际上是通过相互嵌入来实现目标共享和责任共担的，也就是组织间社会连带可以对机会主义行为产生作用，从而对组织之间的交易费用产生影响。

2.2.4　渠道边界人员间关系影响

现有的一些学者对渠道边界管理人员对企业的影响展开了有益的探索（Vincenzo et al.，2003；王晓玉，2006，2013；胡保玲和沈鹏熠，2011）。由于文化背景不同，西方文化研究发现个人关系对组织关系并不具有显著影响，或者认为关系破坏了公平法则，容易产生偏袒和贿赂等现象（Li and Wright，1999；Snell and Tseng，2011；Standifird and Marshall，2000）。但基于华人社会的研究认为，边界人员之间的私人关系加强了渠道成员的连接强度，对组织信任具有较大的影响（Lovett et al.，1999；Su and Littlefield，2001；Armstrong and Siew，2001；王晓玉，2006）。营销渠道成员之间的关系建立在利益关系依赖基础上，这种利益关系依赖是渠道双方关系专用资产投资的前提。渠道边界人员之间的关系作为一种社会纽带，对组织之间的关系和期望具有强化作用（Alexandra，1997）。营销渠道中供应商的营销人员和分销商的营销人员是理所当然的渠道边界人员，渠道双方经常联系和接洽的边界人员的信任问题就是最常见的研究问题。Doney 和 Joesph（1997）通过实证研究证明负责渠道双方接洽的边界人员在经营理念等方面的相似度以及组织间边界人员联系的频率对双方人员的信任程度具有显著的影响。营销渠道边界人员之间商业价值观是否相似，也会影响边界人员之间的互动，边界人员的互动水平又会影响组织之间的人际信任，这种人际信任本身就构成了组织信任的基础。边界人员间关系的密切程度对组织之间以关系为基础的渠道战略都会产生重要的影响，甚至可能改变组织的战略选择（Carolyn et al.，2001）。

2.2.5 营销渠道边界人员间关系研究述评

从以上的分析我们可以看到，渠道边界人员间关系是影响渠道成员关系的重要因素。渠道关系好坏，往往受到边界人员间关系的强烈影响，渠道的战略选择也可能受边界人员间关系引导。渠道边界人员间关系的性质和强度对渠道成员间关系的存续和发展态势尤为重要。目前关于组织社会资本对组织机会主义行为治理的研究，多数是将组织作为一个整体来讨论，将组织之间所有人员间社会连带都看做整个组织的关系，就组织间不同层次人员（尤其是边界人员）社会连带对机会主义行为的作用研究较少。现有实际研究中，组织的社会资本却大多采用组织高层领导的人脉进行衡量，这实际上就忽略了组织间不同层次人员社会连带的影响。市场中的多数组织之间的关系往往是通过组织之间的边界人员间的社会连带来实现的，渠道管理人员的实践早已认识到这个问题的重要性，但是目前学界对此的研究并不多见，尤其是针对边界人员个人关系对组织关系的影响方式和路径的研究还处于起步阶段。这一方面是因为西方研究的范式影响了中国的研究，即营销渠道本土化研究不够，使理论研究脱离了营销实践需要；另一方面也反映出中国化的营销理论体系还需要进一步完善，具有中国特色的文化营销研究，还有很长的路要走。

2.3 营销渠道边界人员对机会主义行为容忍

2.3.1 容忍区理论

市场营销中的容忍区理论主要产生于服务营销领域和消费者行为领域，主要用于研究消费者对待服务或价格的理想标准和可接受标准区间的态度。服务营销领域的容忍区是指服务提供商提供的服务质量处于消费者可接受范围以上与消费者理想的服务质量中间的区域，服务质量处于这个区域中，消费者不能感知到服务质量细微的变化；服务质量处于这个区域以下，消费者就认为是不可接受的；服务质量处于期望的标准服务质量以上，能给消费者带来惊喜（Kennedy and Thirkell，1988；Parasuraman et al.，1991a，1991b）。服务容忍区涉及三个层面，即期望层面、服务绩效层面和服务结果层面。期望是顾客根据消费历史等因素形成的对服务可接受的标准，是一种前提性认知，会影响消费者对质量和满意的评价，容忍区就是理想期望和适当期望中间的差距（Zeithaml et al.，1993）。从服务过程和绩效的角度看，顾客容忍区以下的服务水平是消费者不能接受的，顾客容忍区以上的服务水平是消费者感到惊喜的，容忍区就是消费者既可以接受又不会带来意外惊喜的部分（Parasuraman et al.，1991a）。当然，从消费的最终结果来看，消费者在消费过程与期望在比后会形成不满意、满意和惊喜三种感知状态（Kennedy and Thirkell，1988）。期望层面、服务绩效层面和服务结果层面的容忍区通过图 2-1 来说明。

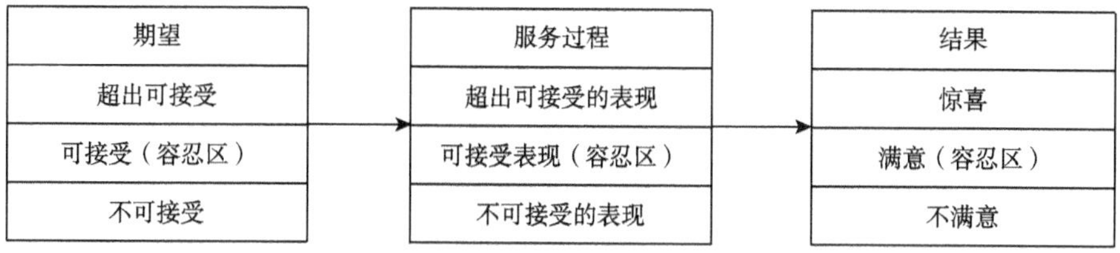

图 2-1　顾客容忍区的三个层面

价格容忍度的概念产生要早于服务容忍区。价格容忍度最初来源于公平价格理论，20 世纪 60~70 年代，Kamen 和 Toman （1970）就验证了消费者对产品价格有一个可以接受的区间，如果厂商在进行价格调整时超过了这个消费者认为合理的变动区间，价格就会对消费者的选择起决定性的作用，消费者可能重新评估或选择商品。也就是说，当价格上涨的时候，消费者并没有改变对某种商品的购买，这个可涨价的最大幅度就是消费者对价格的容忍度（Nwokoye，1975a，1975b）。消费者在进行对某种商品的决策以前，其内在地对该商品有某种或清晰或模糊的记忆和判断，认为该商品对其是否值得购买的价格范围（Lichtenstein et al.，1988）。从微观经济视角来看，价格容忍度就是顾客的一种经济剩余，这种经济剩余的货币体现就是消费者愿意在转换购买或放弃购买某种商品之前的最高价格（Anderson，1996）。

2.3.2　营销渠道机会主义行为容忍

营销渠道中渠道成员对对方机会主义行为的容忍，最早可以追溯到 Williamson（1979）的交易成本理论。交易成本理论认为，由于市场中存在不确定性，组织之间的合作存在大量的机会主义行为，这些机会主义行为的监督和处理，都需要渠道成员耗费时间、人力、物力和财力，这些耗费对组织来说就是交易费用。正是由于交易市场中交易费用的存在，组织往往采取内部化的方式来减少交易费用。也就是采取组织代替市场交易，借以降低市场交易费用。但是，通过内部化来代替市场交易也会带来诸多问题，如内部化生产而不能利用外部资源、内部化生产经营而失去规模效益、因为内部化而缺乏竞争导致的高成本等。所以，组织就面临一个两难的问题，即需要在市场交易的交易费用和组织内部化造成的较高管理费用之间进行选择（Williamson，1975，1985）。

交易费用理论研究的基本目标就是对组织之间的机会主义行为进行有效的治理，从而达到防止或降低机会主义行为、降低交易费用的目的（Williamson，1975；Ghosh and John，1999）。传统的交易费用理论逻辑认为机会主义行为对渠道间关系具有破坏效应，认为渠道间机会主义行为是不能容忍的（Parkhe，1993）。但是，仍然有部分学者通过研究发现，机会主义行为并不是一点都不能容忍的，容忍一定程度的机会主义行为完全是可能的，对机会主义的容忍在现实渠道管理中也是客观存在的（Bergen et al.，1998）。研究发现，在企业内部管理中，企业所有者在一定程度上对管理层机会主义行为的容忍，可以为企业带来利益（祝足等，1998）。与此相似，渠道成员之间对机会主义行为在一定程度上的容忍，同样可能成为企业最优的选择，可能会给组织带来更高的利润（Dutta et al.，1994）。

不论是在企业内部还是在组织之间，信息不对称是客观存在的，只要信息不对称的情况存在，人们的活动就不能完全准确地被观测和预测。对无法观测或预测的行为，企业主要通过激励和约束两种手段来降低不确定性。通过合同的方式约束渠道成员的活动以防止机会主义行为，是有效的方式之一，但是由于合同不可能穷尽渠道成员未来面临的所有情况，渠道成员总有采取机会主义行为的机会和可能。在信息不对称的情况下，激励措施的效果也是有条件的，渠道成员在面临机会主义行为带来的诱惑时，贪婪的冲动有可能会驱使其采取自利的行为。如果渠道成员有信息优势，那么尽管渠道成员的一方可以在某些地方发现渠道其他成员的机会主义行为并把它压制下去，但渠道成员总会利用其在其他方面的信息优势，而使机会主义行为像受挤压的气体一样在其他更难被发现的地方出现（Dow，1987），最后导致渠道成员加大惩罚的结果是使机会主义行为从易于发现的地方转向了更难发现的地方（Williamson，1993）的局面。也就是说，渠道成员中的机会主义行为是或多或少客观存在的。渠道成员能够选择的策略，是使渠道其他成员的机会主义行为处于可接受的范围以内。换句话说，渠道成员容忍一定程度的机会主义行为，对渠道成员来说可能是有利的，而且很多渠道成员也是这么做的。因此，从经济学的视角来看，渠道成员的最优策略是使被容忍的机会主义行为的损失与治理机会主义行为的边际效应相等（祝足等，1998）。

企业选择了与渠道成员合作完成产品的生产销售等经营活动的同时，也就选择了接受外部市场和其他渠道成员带来的不确定性（Rindfleisch and Heide，1997）。特别是组织选择与其他企业合作时，由于组织之间利益的不完全一致性，其他渠道成员可能因为自己的利益而损害其他渠道成员的利益，也就是采取机会主义行为。组织面临其他渠道成员的机会主义行为，是组织选择其他渠道成员合作所必然存在的问题。正如对机会主义行为治理部分所述，组织往往采取合同、权威、规范等方式来尽量减少营销渠道其他成员的机会主义行为，减少机会主义行为对组织的伤害。但是，我们同样看到，组织采取这些降低机会主义行为的措施，同样需要付出成本。因此，组织就需要在机会主义行为带来的损失和因防止机会主义行为的措施而增加的费用中进行收益和成本的权衡。在这个成本费用权衡的过程中，重要的一部分内容就是对机会主义行为容忍程度的把握，也就是组织需要制定相应的标准，对标准以上的机会主义行为采取措施予以制止，对标准以下的机会主义行为就采取容忍的态度。也就是对一定程度的机会主义行为，组织需要容忍（Bergen et al.，1998）。

2.3.3 营销渠道基于心理契约对感知不公平的容忍

容忍的本质是对一种被认为不完全符合行为规范的行为采取接受的态度。不完全符合行为规范的行为，对于行为的接收方而言，往往产生不公平感知或被欺压的感知。但是对同样的行为，这种行为的施行方和被施行方，都存在一定的接受空间，这就是容忍程度。影响这种对不公平感知的容忍度的理论基础是什么？心理契约理论提供了合理的解释。

一般意义的契约，往往都是有形化的合同。契约参与各方通过正式化的约定对未来各方的行为进行规范，减少交换各方在未来行为中遭受欺诈行为的可能性，从而降低交易风险及不确定性（Lusch and Brown，1996）。企业之间的行为实质就是契约行为，企业本身就是各种契约的结合体，这些契约规范了企业的各种行为（张维迎，1996），当然也包括渠道成员之间的行为。经济主体之间的行为，除了有正式的合同约束外，还要受到很多非显性契约的约束（Heide，1994）。Macneil（1978）提出了关系契约的概念，并在后续研究中对关系契约进行了进一步完善和发展（Macneil，1980，1981）。关系契约本质上是对未来关系的一种预期，这种预期是建立在共同认可的价值观和行为方式的基础上的，这些共同的规范在关系成员交往过程中逐渐形成（Macneil，1978），身处其中的成员都受其影响，这在家族关系中表现得更加明显。关系契约这一概念经 Dwyer 和 Gassenheimer（1992）引入营销领域，逐渐融入了关系营销的研究范式。在风俗、习惯、法律和内外关系等因素共同作用下，渠道成员相互间逐渐形成一些共识性的规范，这种规范对组织间关系起到调节和约束的作用（Weitz and Jap，1995）。

心理契约最初是用于描述雇佣关系的一个概念，表示独立的个体认定为不言自明的、默认的合作条件（Rousseau，1989），这种契约是存在于内心的、非正式的、视同为基本认定的认知（Cullinane and Dundon，2006）。这种认知并不是共同认可的，可能是单方认定的（Robinson，1996）。翟森竞等（2008）将心理契约这一概念引入渠道关系中。翟森竞等（2008）认为营销渠道成员之间不仅依赖正式的显性契约调节利益各方的关系，同时依赖大量纷繁复杂的非显性规范（关系契约）约束共同的行为，显性契约和关系契约这两个外部“桥梁”将渠道成员从形式上连接起来。但是，更重要的是，渠道成员之间还需要在内心建立连接，才能建立“信任—承诺”框架，才能使外部连接内化为渠道成员自己认可的行为规范，起到这个作用的自我约束行为的规范就是心理契约。

借鉴服务营销和价格领域的容忍区理论，借助心理契约和感知公平/不公平分析框架，翟森竞等（2008）构建了图 2-2 的渠道成员不公平容忍区的分布图。图中的不公平感知不敏感区域被定义为渠道成员没有特别注意到另一方的不公平行为，当然也就不会改变不公平行为被施加方的行为或者行为倾向。图中的容忍区域被界定在“经济期望”和“总体期望”中间的区域，该区域的下限是“经济期望”，即低于该条件，渠道成员就不能接受和容忍了；该区域的上限是“总体期望”，即高于该限度，渠道成员认为已经不存在不公平行为或者可以忽略不计了。容忍区域介于上限和下限之间，渠道成员既认为存在不公平行为，但该不公平行为从量上或质上又是可以容忍的。

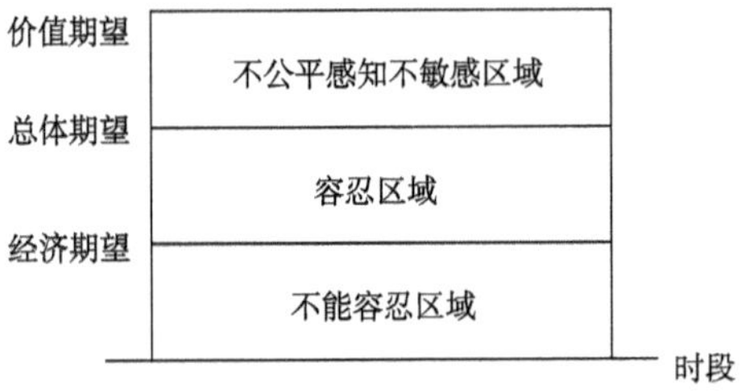

图 2-2 渠道成员不公平容忍区分布图

渠道关系是随时间不断演进和发展的，某一方对经济价值，关系价值的期望会依不同交往时间而变化。

本章研究将某一方的价值期望限定在某一时段内

2.3.4 营销渠道机会主义行为容忍的影响因素

如前所述，Williamson（1975，1985）的交易成本理论认为，由于受经济和社会不确定性因素的影响，营销渠道之间借助合同规范渠道成员相互之间行为的努力往往不尽如人意。营销渠道成员往往依赖自己所掌握的信息，对合同没有做出明确规范的问题采取有利于自己的解释和行动，这些行动往往是有利于渠道成员自己一方而可能会对渠道成员的其他方造成伤害，这就是不确定因素导致的机会主义行为（Rindfleisch and Heide，1997）。这种不确定因素造成的机会主义行为是合同无法预知和约束的，属于外生性的机会主义行为，渠道成员往往对其采取更加宽容的态度。

交易成本理论认为，渠道治理的目的之一就是保护渠道成员专用资产，这种资产是渠道成员为交易顺利、高效完成，而为特定交易对象和行为进行的人力、物力、关系等方面的投资（Williamson，1991）。由于为特定对象进行的投资在其他场合使用的可能性很小，或者用于其他场合会使渠道成员的专用资产大幅缩水，防止机会主义行为、保护专用资产就成为渠道治理的目的。在很高资产专用性的情况下，渠道成员选择科层结构进行渠道治理的概率更大；如果资产专用性比较低，渠道成员选择市场方式进行交易的可能性更大；在资产专用性程度中等的情况下，渠道成员会选择多种形式进行渠道治理（Williamson，1991；Rokkan et al.，2003）。反之可以认为，正是由于渠道成员之间专用性资产的存在或者资产具有很高的专用性，渠道成员之间会存在更高的科层结构，或者渠道成员之间的关系更加紧密。为了保护自己的专有资产不因为结束现有交易关系而出现更大损失，渠道成员会在一定程度上对机会主义行为进行容忍。这也正是专有资产投资越高，遭遇“敲竹杠”这种形式的机会主义行为的可能性越高的原因（Parkhe，1993）。另外，根据 Parkhe（1993）的研究，资产专用性会降低渠道成员对机会主义行为的感知。这种对机会主义行为感知的降低，实质上是渠道成员接纳了其他渠道成员一定程度的机会主义行为，换句话说，就是资产专用性提高了渠道成员对机会主义行为的容忍程度。

绩效的模糊性会影响渠道成员对机会主义行为的容忍（Alchian and Demsetz，1972）。绩效模糊性加剧机会主义行为容忍的原因：一是由于渠道成员表现越难界定，其他渠道成员检测其机会主义行为的成本就越高，基于成本与收益的因素考虑，渠道成员就越可能对机会主义行为采取容忍的态度。二是绩效模糊性对渠道成员严格执行约定具有抑制作用（Dutta et al.，1994）。渠道成员试图让其他渠道成员遵守精心设计的合同，这些合同的目的本来是让其他渠道成员获得超额利润（Telser，1980）。通过这种设计，渠道成员可以利用这种超额利润的给予或收回对施行机会主义行为的渠道主体进行惩罚。但是，如果绩效是模糊的，渠道成员对其他成员进行考核的费用高昂，渠道成员就会降低机会主义行为的预期损失，从而推动渠道成员提高其对机会主义行为的容忍（Bergen et al.，1998）。

可信的威胁对机会主义行为容忍会产生影响。如果生产商对经销商施加的对经销商机会主义行为的惩罚的可信程度越高，这种惩罚对经销商的威慑作用就越大，自然就会降低生产商对经销商机会主义行为的容忍程度。例如，生产商在经销商经销的区域很容易地找到其他潜在的经销商来替代现有经销商或者与现有经销商分享这个市场，那么生产商用替换或增加经销商的方式威胁现有经销商就是可信的，生产商对现有经销商的机会主义行为的容忍程度就会大大降低（Corey et al.，1989；Dutta et al.，1995）。对于比较常见的区域独家经销模式而言，由于生产商对经销商具有较大控制性和寻找其他经销商替代现有经销商的可执行性，特别是将现有独家经销改为多家经销，对经销商的威胁更大，这样就会使经销商失去对现有区域的控制权而失去独家经销的利益，生产商对于经销商机会主义行为的容忍程度就会大大降低（Bergen et al.，1998）。

生产商承诺的可信性对机会主义行为的容忍度也会产生影响。例如，生产商对经销商独家经销的可信的承诺，可以提高生产商对经销商的信任关系（Fein and Anderson，1997），但是这也会成为对经销商机会主义行为容忍的影响因素。在独家经销渠道中，生产商不允许经销商经销其他竞争品牌的产品，为了获得经销商的全力配合，生产商需要给经销商相应的可信的利益承诺。这种可信的承诺在一定程度上会提高生产商对经销商机会主义行为的容忍程度（Pashigian and Bowen，1994）。同时，独家经销商的可替代性或替代成本也提高了生产商对经销商机会主义行为的容忍。特别是对于一些能给生产商带来较大经济利益的经销商来说，生产商替换现有经销商可能给企业带来较大损失，这就导致生产商对其机会主义行为的容忍程度比较高。基于此，生产商对独家经销商机会主义行为的容忍程度往往较高。

最后，产品成熟度也会影响生产商对经销商的容忍程度。对于新产品来说，由于市场对其了解程度比较低，或者由于经销商比生产商更靠近目标市场的消费者，对消费者更了解；经销商也可能由于地缘关系，在目标区域内比生产商更具有“人脉”，更有利于尽快地向目标顾客推销生产商的产品，生产商需要经销商对新产品推广提供的支持力度比较大。此外，新产品面临更多的不确定性，经销商需要承担更多的风险，生产商往往会给予经销商更多的自由裁量权。基于这些原因，在产品经营的初期，生产商对渠道经销商的依赖程度比较大，生产商对经销商的机会主义行为就会报以更多的容忍。与此相反，在产品上市时间比较长以后，产品的市场知名度已经比较大了，生产商对经销商的依赖程度就会大大降低，生产商对经销商机会主义行为的容忍度也会降低（Dutta et al.，1995，1999）。

2.3.5　营销渠道成员对不同机会主义行为的容忍度

忽略偏见理论（omission bias，或称不作为偏好理论）认为，个人在决策前会估计自己在未来可能出现的处境中的感受，并且采取行动的后悔程度要远高于没有采取行动的后悔程度（Baron，1986；Spranca et al.，1991；Sugarman，1986）。人们更容易接受由于自己的忽略或不作为导致的损失，而不愿意接受自己的行为导致的同等损失（Baron，1986）。换句话说，我们评估自己决定的结果时，对忽略的方面（没有做的行为）往往持有一种宽容的倾向。这一理论告诉我们，相对于采取行动造成的负面结果，人们更能接受不作为造成的负面结果。针对渠道成员的机会主义行为，经销商的机会主义行为可能是其有意行动的结果，这就是积极的机会主义行为；也有些机会主义行为是经销商不作为的结果，也就是消极的机会主义行为。根据忽略偏见理论，渠道成员对其他成员的消极机会主义行为的接受程度高于对积极机会主义行为的接受程度。Seggie 等（2013）通过实证证明了，关于关系建立前的机会主义行为，渠道成员对消极的机会主义行为容忍程度高于消极的机会主义行为；关于事后（渠道关系建立以后）首次发生的机会主义行为，Seggie 等（2013）认为，积极的机会主义行为同样比消极的机会主义行为对渠道成员的满意产生更大的负面影响。

但是，随着机会主义行为的累积，消极机会主义行为会对渠道机会主义行为产生更大的消极影响（Seggie et al.，2013）。产生这种结果的原因是，开始时，渠道成员对对方的积极机会主义行为容忍度较低，也就是对其反映比较激烈，往往带来更多的讨价还价、更多的监管、更高的适应不良成本。但是，由于对消极机会主义行为比积极机会主义行为更高的容忍度，对开始时的消极机会主义行为有限度的反应，消极机会主义行为的累积可能造成机会主义行为伴随其他反应的增加。随着机会主义行为的累积，消极机会主义行为造成管理成本上升速度快于积极机会主义行为管理成本上升的速度。与之相反，由于渠道成员对积极机会主义行为的容忍度较低，积极机会主义行为开始出现时，渠道成员比较激烈的反应，反而降低了后续的机会主义行为引起的交易费用（比开始时就是消极机会主义行为引起的机会主义行为累积的交易费用低）（Seggie et al.，2013）。

2.3.6　营销渠道机会主义行为容忍方式（策略）

尽管机会主义行为对机会主义被施行方而言具有伤害效果，但是面对施行机会主义方的行为，被施行方基于长远利益、个人利益、个人关系、对机会主义行为施行方的依赖、维护表面团结、维护“面子”等原因，往往采取容忍的态度。然而，机会主义的容忍方式也是有差异的。

Hirschman（1970）将机会主义行为的反应或容忍程度划分为退出、吐露和忠诚三种，Hibbard 等（2001）和 Ping（1993）对其进行了进一步细化。Seggie 等（2013）将渠道成员对机会主义行为容忍划分为六级，分别是被动接受、建设性地讨论、抱怨、疏远、威胁退出和退出。被动接受表示经销商仍然对供应商保持忠诚，认为问题会自然解决；建设性地讨论表示经销商尽量积极地与供应商想办法解决问题；抱怨表示经销商比较严肃地向供应商提出抗议和表达不满；疏远则是经销商与供应商不再保持亲密关系；威胁退出是指经销商威胁供应商，如果供应商不解决问题，经销商就会选择别的供应商；退出则是结束经销商和供应商的买卖关系。

2.3.7 营销渠道边界人员对机会主义行为容忍研究述评

现有的营销渠道机会主义行为容忍的研究还比较少，而且主要都集中在渠道成员作为组织层面的容忍。由于处理渠道组织之间关系的管理人员既代表组织，又代表个人，这种双重角色使其在处理渠道组织间关系时，不仅会基于组织利益考虑，而且还会基于个人利益考虑。具体表现在对渠道成员机会主义行为容忍问题上，就是既有基于工作的容忍，也有基于个人利益的容忍。现有的文献研究中，尽管有部分对渠道机会主义行为的研究，但是从容忍产生的机理方面的研究很少。

从心理契约的视角出发，借助对不公平的容忍理论，探索渠道之间机会主义行为容忍问题，是有益的探索。目前对影响渠道机会主义行为影响因素方面的研究发现，渠道中的交易费用、绩效模糊性、产品成熟度、威胁的可信度、承诺等因素是重要的。不能忽略个人层面因素的影响，特别是渠道边界人员之间关系的影响很大，这也是现有研究中的空白。

Seggie 等（2013）对渠道成员对不同机会主义行为的容忍程度及其影响的研究结果表明，对消极机会主义行为的容忍在短期内对组织关系的影响要小于对积极机会主义行为的容忍影响，但长远来看，消极机会主义行为容忍的影响却更大。这一西方文化环境研究的结论，在中国文化环境中未必适用，还有待进一步验证。而且，对机会主义行为的容忍程度不同的表现方式的研究在现有研究中也不多见，对其进行深入研究对营销渠道管理实践是有价值的。

2.4 营销渠道边界人员信任

2.4.1 渠道间信任

信任是经济学、社会学、管理学中被广泛关注的概念，信任不仅存在于个人之间，还存在于组织之间，任何一笔交易都包含了信任的成分。组织之间交易的发生，就需要交易双方对合作伙伴的可靠性和诚信有信心（Morgan and Hunt，1994）。渠道成员间关系是基于共同完成同一产业价值链不同功能而建立起来的，渠道成员之间从社会功能来说是相互依赖、密不可分的。另外，渠道成员作为相互独立的利益个体，其关系本质上是独立利益个体之间的关系。渠道成员之间的信任，基本条件是相互利益依赖基础上的信任。也就是说，渠道成员之间的信任关系是基于相互利益保证基础上的。渠道之间为了实现共同的目标需要合作，这种合作又是维护各自利益基础上的合作，渠道成员之间需要相互保持合作的诚意和相互信任。由于渠道成员之间存在共同的利益追求，渠道成员之间就有相互合作的动力。同时，由于渠道成员之间具有各自的利益诉求，渠道成员之间就有存在机会主义行为的可能性，从而导致渠道成员之间的交易存在交易被欺骗的风险，所以信任就是在交易存在风险的状况下，相信其他交易伙伴会采取有利于共同利益的行动（Ratnasingam，2003），而不会利用其他交易伙伴来为自己谋利（Boon and Holmes，1991；Dyer and Chu，2003）。

Morgan and Hunt（1994）研究认为，渠道成员之间的信任和承诺是连接渠道关系的关键中介，渠道成员之间正是基于相互的信任和相互为渠道关系而做出的承诺使关系得以持续，并实现渠道的共同目标。渠道成员之间的交易存在风险，风险的存在是信任产生的条件之一。从心理层面来看，渠道成员之间由于各自利益最大化的存在，相互之间要发生交易，就必须承担由此而发生的风险。组织不可能完全规避所有的交易风险（规避所有交易风险就意味着不发生交易），渠道成员就需要在交易风险和收益之间进行权衡，也就是权衡承担交易风险的收益和风险发生可能的预期收益。也就是说，渠道成员之间的信任是平衡收益和成本基础上的行为决策（Axelrod，1984；Coleman 1990；Williamson，1975，1985，1993）。由此可见，信任产生的另一个条件是预期。渠道成员首先会对未来发生不确定情况的时间及其发生的可能性做出判断，并由此产生对未来可能获得收益的预期，在权衡各种预期收益和成本的基础上采取对组织最有利的行动（Deutsch，1958）。个人或组织一旦做出了策略选择，就有了一种行动的信念，就可以据此采取行动（Dasgupta，1988）。同时，渠道成员认为其他合作伙伴也是理性的，其他合作伙伴同样会在权衡风险收益和成本的基础上做出尊重和保护共同行动参与者利益的行为（Hosmer，1995）。

组织之间的信任划分方式很多，比较多被接受的是 Lewicki 和 Bunker（1995）的三分法，即将信任划分为计算型信任、了解型信任和认同型信任。计算型信任基于经济人假设，认为进行交易的组织都是具有完全信息的，其决策都是理性的；认为参与交易的各个组织都会对进行的交易进行信任并对信任产生结果的期望收益和成本进行权衡，权衡的基础都是相同的。组织成员在收益和成本比较的情况下，会发现守信产生的期望收益大于不守信的期望收益，所以组织会选择守信。正是由于交易双方都是经过期望收益和成本比较以后，在守信和不守信之间做出的理性选择，这种守信的选择是合理的，是稳定的，是符合各方利益诉求的。计算型信任的条件的完全信息假设可能不被完全满足，对组织内外部的不确定性也使计算型信任存在困难。了解型信任基于组织之间的历史性交往记录，对交易伙伴已经相对了解。交易要发生，就需要交易伙伴对交易对象决策和行为方式的了解，能够对交易伙伴的行为做出基本方向性的预测。在对交易伙伴行为方式预测的基础上，信任交易伙伴会做出一贯性的行为。这种信任是基于对交易伙伴的了解，是以交易历史为依据的。认同性信任则基于合作伙伴之间共同的价值观认同，交易各方都能很好地理解他方的需要，从互利原则出发，承担自己的交易过程中应该承担的责任，为其他组织创造价值的同时为自己组织创造价值（黄孝武，2002）。组织间信任还可以划分为功利型信任和关系型信任。功利型信任是组织之间合作初期由于相互之间缺乏了解，只能基于关注对方组织完成合作任务的能力，这种信任是成本收益比较基础上的理性信任。关系信任则是指组织之间经过一段时间的合作以后，相互有了了解，合作伙伴之间基于良好的预期而产生的以情感为基础的信任关系。

2.4.2 组织间信任与人际间信任

由于组织是由各种利益代理形式整合起来的组合体，组织间关系离不开组织间人的关系。与人际间信任不同，组织间信任更趋于理性化结构，更多地建立在组织利益的基础上，更多的是基于能力的信任（刘松博和李婕，2011）。组织之间的信任是分层次的，既有组织层面的信任，也有个人层面的信任（Kramer，1998；王晓玉和晁钢令，2007）。组织层面的信任更关注的是制度基础上的信任，个人层面的信任则主要以个人关系为基础。尽管组织之间这两个层面的信任有较大区别，但两个层面都成为研究的对象。企业管理者，最关注的往往是组织之间的信任。渠道成员之间的信任作为组织之间交换的关键中介变量（Morgan and Hunt，1994），从单个组织来说，就是能给组织带来收益的社会资本（刘松博，2008）。基于个人层面的人际信任，需要转化为更高的组织层面的信任，从而为组织带来资本性收益。在一般情况下，组织间信任与个人间的人际信任是融合在一起的，组织间信任以人际信任为纽带，人际信任可以转化为组织间信任、友好合作和为合作而做出的相互承诺（王晓玉和晁钢令，2007）。

从组织信任维度方面的研究我们可以看出，组织信任和人际信任之间存在紧密的联系。能力被普遍认为是组织间信任的基础（Cook and Wall，1980；Deutsch，1958；Jones et al.，1975；Sitkin and Roth，1993；Mayer et al.，1995；McKnight and Chervany，2001；王欣欣，2008），但能力维度中不仅包括专有技术等生产性（功能）能力方面，而且还包括商业敏感性、人际能力等个人特质和关系导向性能力（Gabarro，1978；王颖和王方华，2008）。被普遍接受的第二个组织间信任的维度是善意（Larzelere and Huston，1980；Solomon，1960；Strickland，1958；Frost et al.，1978；Sako，1992；Mayer et al.，1995；McKnight and Chervany，2001）。善意作为一种不以自利为目的的行为，可以从组织公民行为的角度将其理解为从组织的角度给予的信任。但是善意更多地包含了信仰、伦理道德、友谊、同情、亲情等个人情感性因素（Sako，1992；Nooteboom，1996）。第三个被普遍接受的组织间信任维度是正直（Butler and Cantrell，1984；Hart et al.，1986；Borys and Jemison，1989；Sitkin and Roth，1993；Mayer et al.，1995）。尽管正直也可以被理解为坚持“原则”，但更一般来看，正直主要还是用于描述个人的品格，至少可以认为是个人品格在组织层面的反映。由此可以看出，组织间的信任和个人间的信任是紧密联系的。组织之间信任的测量，很大程度是基于个人层面进行的。也就是说，组织之间的信任，除了能力信任和组织公民行为的评价外，基于个人层面的个人特质、社会资本、人情、公平等所占比重更大，人际信任更能体现组织间的信任基础。

2.4.3 组织间人际关系信任

组织之间的行为是由组织间相互连接的边界人员完成的。组织之间的信任在很大程度上是建立在组织之间边界人员间关系的基础上的，从而可以认为组织之间的信任是以组织间边界人员之间的连接为前提的。人际关系作为中华民族通过社会发展而形成的文化现象，作为儒家文化的基本道德规范之一，成为中国社会活动（包括商业活动）的根基（吴中伦等，2010）。特别是在中国广泛存在的中小企业中，家族企业所占比重较大（不是家族企业也呈现明显的家族企业行为模式）。家族企业之间的信任机制主要表现为以亲缘、血缘为基础的人际关系信任形式。尽管有研究者（谭科峰和赵黎明，2007）的解释是，由于中国社会的市场经济还不完善，与此配套的法制还不健全，家族信任体系的运行模式在中国社会中还很盛行，而且这种运行模式与法制和道德是独立的。这种观点认为，随着社会经济的发展，人们的法制观念与社会法制建设健全以后，正式制度就会取代家族法则而在社会经济中起到基本的行为约束作用。但是，由于文化对人们行为的影响是长久而隐形的，基于西方合同和制度的行为范式在中国的现实社会中仍然不能全面地被人们接受。也就是说，至少是在中国现行的文化环境中，基于人际关系的信任机制还有很宽的适应面，这种友好关系信任方式在很大程度上比其他方式更能促进企业和交易的发展。不管是将人际关系信任融入合同和制度的西方范式，还是推动中国文化中的关系信任向制度信任为主转变的模式，都只是社会规范研究的范畴，而不是中国组织间商业活动的现实需要（刘松博和李婕，2011）。

2.4.4 组织间关系信任与机会主义行为

信任是一种对个人或组织做出有利双方交易目的而愿意承担交易风险的预期（Kenneth and Kurz，1971）。而机会主义行为是基于自己利益而损害合作伙伴利益的行为（Williamson，1975）。前者是信任合作伙伴不会对伤害对方，后者却是损人利己的行为。从表面上看，这两者是一对矛盾体，现有的研究也认为信任对机会主义行为具有抑制作用。

人与人之间强调"报"的基本交往原则。对方的信任、帮助对接受方就是一种社会债务（钱丽萍和任星耀，2012）。中国文化认为，人应该"滴水之恩涌泉相报""知恩图报""受人一滴水，还以太平洋"，对对方的好意，不能以怨报德、恩将仇报。当渠道成员中的一方感知到对方对自己的信任时，就会在内心产生一种不能辜负对方依托的情感，这种情感会抑制其采取伤害对方的机会主义行为。当渠道成员认为对方的行为是善意的，是愿意信任自己的，对对方的怀疑就会降低（Morgan and Hunt，1994；庄贵军等，2007），也会更少地采取不利于对方的机会主义行为。

如果基于古典经济学的经济人假设，认为人都是理性的，其行为都是符合其组织利益的；市场参与主体具有完备信息，市场参与主体之间是相互了解的；个人作为组织利益的代表，其追求个人效用最大化的行为符合组织追求利润最大化的需要。在这些古典经济学比较严格的假设前提下，组织之间人际信任就代表了组织信任。但是，现有的市场中，组织之间有大量信息不对称的现象存在。善意信任和正直信任存在的必要性就取决于信息的不对称性。由于个人除了具有理性一面的，也存在大量非理性的因素，如个人关系就带有很强的感情等非理性色彩，边界人员之间基于人际关系的信任，不仅带有人与人之间强烈的情感性色彩，而且还形成一种社会舆论压力。这些因素使边界人员之间的信任对渠道间机会主义行为具有抑制效应。

2.4.5 营销渠道边界人员间信任研究述评

从以上的分析我们可以看出，现有的研究基于古典经济学理性人假设和西方的文化环境，得出组织之间的信任大量地带有人际信任的成分。同时，现有研究中对组织信任和人际信任的混同研究，导致现有对组织之间研究主要基于组织层面，而基于组织之间边界人员间关系层面的信任还比较少。此外，现有研究从组织信任抑制机会主义行为的逻辑出发，认为组织间边界人员的关系信任对组织间的机会主义行为也是具有负向作用的。实际上，由于组织之间边界人员间的关系并不等同于组织信任，现有的研究犯了一个先念性的错误。正是由于组织间信任和组织间边界人员间关系的不同一性，特别是由于边界人员间关系导致相互间对对方组织的机会主义行为的容忍度发生了变化，从而边界人员间关系信任对机会主义行为的影响发生了根本性的变化。人们之间对关系、关系利益、关系认同等方面呈现"差序结构"（费孝通，1948），导致在中国的现实营销渠道中，边界人员基于维护个人关系利益而发生的合谋、寻租等阴暗营销行为（庄贵军和席酉民，2004）。本书的研究，正是摆脱现有研究中将组织间信任和组织间边界人员关系的研究范式，探究组织间（渠道成员间）边界人员间不同性质的关系导致边界人员不同程度的关系信任，影响边界人员对机会主义行为的容忍，从而对组织间机会主义行为产生影响，并最终影响组织之间的绩效。

2.5　营销渠道边界人员间关系对机会主义行为的作用机制

2.5.1　社会连带对机会主义行为的作用基础：组织间人际关系

组织间关系状态是各利益主体之间对组织间交往历史的总体评价或感知，组织间关系也存在好坏亲疏之分，是组织之间基于以前交易成败的历史经验而形成的认知（白如彬等，2013）。组织间人际关系的目的是减少组织成员对对方的不确定性的关系状态感知，组织之间的人际关系感知就是通过组织间人员的感知而形成的总体集合（韩巍和席酉民，2001）。组织之间私人情感交往，使组织利益在跨组织私人之间的互动中得以实现，这种情况在华人的社会背景下表现得尤为突出。组织之间的个人关系可能是领导层面的私人关系，但一般是组织之间边界人员的连带关系。边燕杰（2010）认为关系主义作为非对称性的社会交换关系，其工具性交换只是手段，而维持、加强和扩大交换关系本身，才是目的。私人关系作为组织间关系形成的基础，使组织间人员（特别是边界人员）能够依赖并对对方的未来表现有信心。组织间边界人员相互之间的关系连带，不仅表现在双方信息和情感的互动上，同时通过双方心理的深层次信任和认同，提高组织间相互正式和非正式的契约执行效率。因此，组织间人员（特别是边界人员）良好的私人关系可以在动机和意图方面减少与对方组织合作的交易风险和不确定性，促进组织间关系的发展，降低组织间发生机会主义的可能性，从而降低交易费用。当然，组织间人际关系活动本身也耗费时间、精力和物质成本，提高交易成本，故这种制度安排对组织的交换活动也可能是负面的（寿志钢，2004）。

2.5.2　人际关系对机会主义行为作用规则：组织间互动规范

社会连带对机会主义行为发生的作用，本质上是通过组织之间个人关系的互动规范来实现的。罗家德（2010）以社会资本为基础，分别指出组织间不同的人际关系情况下发挥作用的具体法则。例如，家人或拟家人是基于保证关系与情感关系，熟人基于情感关系与社会交换，生人基于 Hardin（2001）所说的为利关系。

组织间人际关系不同，组织之间的相互连接或调整组织间关系的互动规范也就不同。组织间边界人员的生人、熟人及家人连带关系适用的互动规范分别是需求法则、人情法则及公平法则。如果组织成员间存在的是弱连带关系，也就是边界人员之间的关系是生人关系，那么组织成员之间一般采取公平法则的组织间作用机制，组织成员之间强调的是相互关系的公平，在公平的社会准则下开展商业及相关活动。如果组织的边界人员之间是熟人连带，也就是说组织成员之间是朋友或哥们儿关系，组织成员之间往往采取人情法则的组织作用机制。人情法则强调的是"报"的原则，互相欠着人情账，不能过河拆桥。如果组织的边界人员之间是家人的社会连带关系，就是具有亲缘或接近亲人的相互连带关系，这种关系和外界形成一层无形的保护层，这种保护层使外层人员之间关系很难取代内层人员。在这种关系作用下，组织成员之间采取需求法则的组织互动规范（黄光国，1988）。

2.5.3 人际关系对机会主义行为的中介机制：组织间信任和承诺

人际关系对跨组织交易费用的影响，是以组织间信任和承诺的中介作用的存在为前提的。人际关系（组织间社会连带）使组织间产生信任和承诺，信任和承诺影响组织间机会主义行为，从而对交易费用产生影响。组织成员间的信任是一方组织成员认为合作伙伴的行为符合共同的利益，从而会对对方行为的善意存有预期，愿意冒风险将与组织利益相关的活动托付对方完成（Morgan and Hunt，1994）。组织间的承诺是一方组织向对方表达愿意承担某种责任和义务的愿望，目的是发展和保持与利益相关组织成员的合作关系，保证交易关系的持续而从中获益（Morgan and Hunt，1994）。为了保证交易关系正常而高效地进行，组织之间需要在交易专有资产上进行投入，这种表达方式就是在行为上做出承诺。组织在专有资产上的投资，为组织退出合作关系设置了退出障碍。专有资产投入越大，对合作伙伴的依赖就越大，退出壁垒就越高，退出合作关系带来的损失就越大。这实际上就是组织以交易专有资产作为交易持续和发展的抵押，一旦关系结束，将对己方造成伤害（Anderson and Weitz，1992）。组织需要信任交易伙伴不会采取机会主义行为来伤害己方，然后才可能在专有资产上进行投资，并通过这种投入来表达自己的承诺，对自己的行为进行约束，同时通过这种承诺增强合作伙伴对己方的信任，使对方增大针对自己的专有资产投入（庄贵军等，2006）。组织之间的互信、互依、相互承诺和合作水平在不断交往中得到提升，从而抑制了机会主义行为的产生，降低了组织间的交易费用。

2.5.4　华人人际关系对机会主义行为作用方式：人情、面子、互惠

庄贵军和席酉民（2003）认为组织间关系的产生、维持、发展过程中，私人关系的责任、感情和互惠是重要因素。王晓玉（2006）等直接将关系双方的情感和利益交往认定为私人关系，没有其他的结构变量，认为私人关系就是一种情感和利益的交互往来关系，双方之间的交往关系就反映了关系双方的情感和利益的交流，交往的内容和频率就直接反映了关系的强度。Fan（2002）在对组织之间关系作用的私人关系研究中提出人情、责任、同情、面子、信任、权力是核心价值变量。Lee 和 Dawes（2005）认为私人关系的结构变量分为面子、互利和感情，从而将 Fan 的研究往前推进了一步。Lee 和 Dawes（2005）认为交往包括业务交往和社会联系，并发现情感、业务交往会影响信任，进而影响对组织对方的信任。Lee 和 Dawes（2005）将人情、面子和互利作为私人关系的变量，具有中国文化特色模式，主要探讨交换的媒介内容，交换的是物质利益还是精神情感，是公利还是私利，人际关系发生的场景是在公开正式场景还是非正式的私下交流，是否符合法律或道德伦理的判断标准，所以选择的变量主要有人情、面子、互惠等。传统的人情和面子、互惠等主要从伦理的角度考虑，比较强调情感性利益的交换关系，对私人关系中的信息互动、信任等特征很少反映。因此，尽管学者们的研究结论显示华人间人际关系作用的变量有所区别，但总体上可以认为人情、面子和互惠是影响华人间活动的基本方式。

2.5.5　营销渠道边界人员间关系对机会主义行为的作用机制研究述评

从以上近年来学界的相关研究中我们可以看到，目前就人际关系对机会主义行为的作用机制的研究并未形成共识。当前就人际关系对组织间机会主义行为作用机制的研究，第一种研究范式是以信任和承诺为媒介，研究人际关系影响信任和承诺，信任和承诺影响机会主义行为。这种研究范式基本以信任和承诺为研究核心来展开，缺乏对信任与承诺影响机制的深入研究。第二种研究是遵循中国化人际关系作用机制（人情、面子和互惠）的逻辑展开研究，这种研究范式充分考虑了中国化的人际关系研究背景，认识到中国人际关系的不同之处，但是这种研究范式却没有将中国化人际关系与组织间机会主义行为的内在影响机制深入下去。本书的研究正是在目前研究的基础上，从边界人员间关系的角度，以人际关系信任和容忍为中介，探索营销渠道边界人员间关系对营销渠道作用的新方式。

2.6 边界人员间关系对渠道绩效作用效果

2.6.1 人际关系的强度优势：强连带优势与弱连带优势

尽管人们直观地认为，组织之间的强连带关系优于弱连带关系，而且很多学者也基于这个假设前提展开研究，但是学者们通过研究却得到不一致甚至相互矛盾的结论。一种是强连带优势理论，这种观点认为组织之间的强连带关系相比弱连带更有优势，这种优势来自组织间的强连带能够使组织在交易中的疑惑问题得到更好的解决（Krackhardt，1992）、使组织之间的复杂信息得到更好的传递（Hansen，1999）、使信息传递的质量更高（Coleman，1990），从而更有利于组织之间的合作，降低机会主义行为发生的概率，降低交易费用。边燕杰（1997）的研究也得出了相似的结论，认为中国社会的“人情”重要性更高，强连带在组织间扮演非常重要的角色。另一种是弱连带优势理论，这种观点认为弱连带不仅具有数量方面的优势，而且具有成本方面的优势（Granovetter，1973），认为弱连带更有利于新信息扩散到强连带圈子之外（Elfring and Hulsink，2003），从而使组织在识别和把握新的市场机会方面更具优势。Burt（1992）基于结构洞理论视角认为弱连带使当事人拥有的信息更多样化，因此可以识别出更多有价值的机会。Arenius 和 de Clercq（2005）的研究也显示，社会连带强度与组织对机会的识别呈显著相关关系。Ma 和 Huang（2008）通过在不同文化背景中进行的研究发现，在个人主义文化背景中弱连带具有优势，而在集体主义文化背景中强连带具有优势。

2.6.2 人际关系对机会主义行为的抑制作用

组织通过人际关系的方式对对方组织实施控制，就是尽量减少合作伙伴针对自己的机会主义行为，从而最大限度地保护自己的交易专有资产不被侵害。当组织通过人际关系加强对合作伙伴的控制时，组织会有意识地与合作伙伴建立高度互信和高度彼此承诺的关系，在损人就是害己的共识前提下，为了自己的利益而自觉地抑制自己的机会主义行为（Brown et al.，2000）。社会资本的声誉效应，使组织进行自我约束，提高合作伙伴的可信度，降低机会主义行为发生的概率，降低组织间缔约成本。人际关系使组织认为合作伙伴会遵守组织间的契约和规范，组织可以减少对合作伙伴的监督产生的成本。运用人际关系可以减少组织之间的不信任，引导组织将目光瞄准未来的长远利益而避免机会主义的短视行为，减少组织间契约的修正成本（周小虎，2005）。增强组织之间的社会连带强度（采取如前所述的通过组织间个人关系的人情和面子等），建立信任和承诺，降低组织成员的机会主义行为，从而达到降低组织之间交易费用的目的。

2.6.3 人际关系对渠道绩效的消极作用

Portes（1995）首先提出了“消极的社会资本”这一概念，并对社会资本的非均衡问题展开研究。Portes（1995）认为社会资本的消极因素包括圈子封闭性和排他性、对圈内成员的限制性和社会资本的负外部性。Waldinger（1995）研究发现，关系在提高了圈内成员经济交换的便利和效率的同时隐性地限制了圈外人。Fukuyama（2001）研究认为，在中国和意大利中南部地区那样的社会家族观念非常深厚的地区，往往对家族以外的成员缺乏一般性社会信任。庄贵军和席酉民（2003）认为私人社会连带都存在道德问题和某种程度的庸俗成分，而且私人关系一般具有工具性的色彩，为己方谋取经济利益甚至成为一种寻租行为。韩巍和席酉民（2001）认为私人关系存在超关系区域，这会被为寻求特殊利益的个人或群体非法使用，特别是在合情合理的伦理界限难以被清楚界定时，私人关系就容易因钱权交易而逐步发展为腐败关系。Yi 和 Ellis（2000）认为私人关系存在花费成本高、时间消耗大、容易被看做腐败的缺点。Wang（2007）研究发现私人关系活动对管理中的信任具有负面作用，负面效应会因为关系基础的不同而不同。李永强等（2012）结合中国“关系”文化的特点，论证了由于社会资本具有过量成本投入、创新思想束缚和创新决策限制三方面的负面效应，所以组织间人际关系强度并非越强越好。对社会资本负面效应的关注和讨论，深化了对社会资本外部性的认识，在很大程度上也丰富了社会资本理论的研究。

2.6.4 边界人员间关系对渠道绩效作用效果研究述评

从上述分析我们可以看到，尽管目前就边界人员人际关系对营销渠道的作用效果研究并不少，但是最终的作用效果并不清晰。边界人员人际关系对机会主义行为作用效果的研究，目前并没有一般性的结论。有的研究认为两者是负向的关系，也有研究认为两者的这种线性关系并不存在。这实际上反映出当前对两者的中间作用机制的研究并没有深入。组织间人际关系与机会主义之间，还存在没有被研究者注意到的作用变量，这直接影响了因变量（交易费用）和自变量（组织间人际关系）之间的最终关系。也就是说，营销渠道边界人员间关系与营销渠道绩效之间仍然是“黑箱”（至少是“灰箱”），本书从边界人员间信任的基础上，引入了渠道边界人员对机会主义行为的容忍这一变量，特别是以边界人员在渠道成员间活动过程中扮演的不同角色为出发点，将这种基于人际关系的容忍分为基于工作的容忍和基于个人的容忍，从而试图找到边界人员间关系与渠道绩效之间的作用原理，从而揭开“黑箱”。

2.7 本章小结

渠道成员之间的机会主义行为是渠道研究中的重要问题之一。关于如何通过有效的治理方式，约束渠道成员的机会主义行为，现有的文献已经进行了比较充分的研究。其中得到理论界和实务界共识的治理方式是合同治理和关系治理，合同治理就是通过有法律约束力的共同书面约定以对渠道成员机会主义行为进行威慑、防范和处罚；关系治理就是通过渠道成员之间非正式的成员之间或组织之间的正式或非正式的关系及关系处理规范来抑制或减少机会主义行为发生的治理机制。这两种机会主义行为治理方式在现有的研究实践中都得到了广泛的应用。但是，在研究渠道机会主义行为治理的文献中，很多研究有意或无意地混淆了渠道间关系和渠道边界人员间关系的界限。国外的研究基于西方组织及管理人员的行为方式研究，证明渠道边界人员间关系对渠道组织间的影响不显著。但是，在人情社会中，组织间的关系不可能离开组织间边界人员的关系而孤立地存在，必然受到渠道边界人员间关系的影响。这方面在现有的文献中研究还不深入和全面，是现有渠道关系研究中的薄弱环节。

对于机会主义行为来说，不管采取合同还是关系进行治理，都会给组织带来成本，也就是治理成本。对机会主义行为的治理成本，有时候可能会高于机会主义行为本身带来的成本支出，所以组织之间对机会主义行为就有容忍的可能。现有的文献，多数都研究机会主义行为治理，却忽略机会主义行为治理成本问题，也就忽略了机会主义行为容忍的问题。特别是在渠道关系管理中，由于边界人员之间社会连带（人际关系）的不同，所以机会主义行为容忍更具有复杂性。这也正是现有文献研究的空白点。

正如管理理论分析的那样，渠道组织边界人员和其他组织管理人员一样，在组织中扮演着双重角色：一种角色是作为组织任务的承担者，需要完成组织赋予的相应组织活动和任务，另一种角色则是个体的角色，作为具有经济和社会存在意义的实实在在的个体，并不是抽象地、简单地、机械化地承担着组织的任务，其在完成组织任务的过程中，或多或少都会带有个人的感情色彩和利益考虑。所以，在考察渠道组织之间机会主义行为的治理中，不能简单地认为边界人员只为组织利益考虑，而不是作为有血有肉的个体考虑个人利益。所以渠道中边界人员由于不同的人际关系而对机会主义行为存在容忍。同时，边界人员也会基于人际间信任而对机会主义行为产生抑制倾向。边界人员之间关系对机会主义行为的双向作用效果，也是现有渠道关系研究中所欠缺的。

从以上对本书问题的相关述评我们可以看出，基于人际关系的营销管理行为研究是当前跨学科研究的热点和前沿。目前国内外对渠道中机会行为产生的内在作用原理探究方面还有待深入，国内外对机会主义行为研究还停留在治标未治本的阶段。同时，将人际关系理论应用于营销组织间研究，特别是人际关系和营销渠道绩效的研究，由于所受影响因素太多，并没有得到充分的重视，目前的研究仍然还停留在简单线性关系的研究阶段，和营销实践还有较大差距。

因此，本书拟从营销渠道边界人员间人际关系出发，以渠道中人际关系信任和容忍为中介，探索其对机会主义行为的作用机理，通过对机会主义行为的多维度研究，揭示渠道中机会主义行为内在的作用规律及影响。

第 3 章　概念模型与研究假设

通过第 2 章就营销渠道机会主义行为及其治理、营销渠道边界人员间关系、渠道边界人员对机会主义行为容忍、渠道边界人员信任及相互关系进行国内外研究现状的梳理，我们可以看出，现有的研究在营销渠道机会主义行为容忍的相关问题方面还存在需要进一步完善的地方。特别是，现有的研究，就营销渠道人际关系与营销绩效进行的简单分析，得出了并不一致的研究结论，说明渠道人际关系和营销绩效之间的作用机理没有被发现，本书拟通过渠道边界人员间信任和对机会主义行为的容忍产生不同形式的机会主义行为这样的分析逻辑来揭开其中的黑箱。

3.1　概念模型的理论基础

营销渠道之间的关系既是独立的又是紧密相连的，各自有相应的利益追求，同时又必须密切合作，共同完成产品从生产到消费的流通过程。渠道成员各自的利益追求驱使生产商和经销商都需要寻求自身价值最大化，包括可能采取损人利己的机会主义行为；渠道成员共同的功能目标又驱使利益相关各方必须克制自己的行为，同时监督其他成员的行为。本书将以扎实的理论（交易费用理论、容忍区理论、心理契约理论、角色理论、社会网络理论等）为依托，构建行之有效的研究框架。

3.1.1　交易费用理论及其应用

交易费用理论源于新制度经济学研究，该理论经 Coase（1937）提出并界定后，Williamson（1975）对其进行了全面的研究，经过很多学者的进一步深入和完善，交易成本理论成为分析营销渠道的基础理论之一（Ghosh and John，1999）。交易费用理论研究的中心是通过市场交换、垂直整合、多方治理等各种有效的治理手段，使组织之间的交易费用最小化。交易成本理论建立在三个交易维度和三个基本行为假设之上。

交易费用理论的第一个交易维度是资产专用性。专有资产就是专门为特定交易而进行投资形成的资产，该资产离开特定交易后其价值将大大降低（Williamson，1991）。渠道成员投入专有资产后，就面临被对方机会主义行为损害的风险，所以渠道成员的行为动机之一就是防止对方的机会主义行为对己方专有资产的毁损。交易费用理论的第二个交易维度是不确定性。首先是环境的不确定性，由于环境不确定性的存在，组织之间不可能对未来的行为进行严格约定，而只能对可以预期的行为进行约定（Rindfleisch and Heide，1997）。由于需要对没有预料的环境变化进行重新谈判，交易费用增加。其次是行为不确定性，正是由于行为不确定性的存在，渠道成员不能完全估计合作伙伴未来的行为，合作伙伴的行为是否遵守渠道成员间的约定。对信息的收集和对合作伙伴的监督同样增加了交易费用（Rindfleisch and Heide，1997）。交易费用理论的第三个交易维度是交易频率。如果组织之间的交易频率比较高，而且资产专用性也高，通过科层组织进行管理会更有效率（Williamson，1985）。频繁的交易同样也可以使平均的交易费用降低。

交易费用理论的第一个基本行为假设是决策的有限理性。根据 Simon（1957）的观点，尽管人们的目标是使决策最优化，但由于信息不对称，同时人自身的知识、能力和认知是有限的，人们不可能真正做到决策最优化，人们往往依靠简单的方式进行决策。正是基于环境和行为的不确定性，组织之间的交易行为就不可能是最优化的，发生交易费用就不可避免（Williamson，1975，1985，1996；Williamson et al.，2007）。交易费用理论的第二个基本行为假设是机会主义行为。基于理性人的认识，渠道成员之间都是独立的利益追求的个体，渠道成员为了追求自身利益最大化，往往可能会伤害对方渠道成员的利益，这就是机会主义行为。机会主义行为的存在，可能使渠道成员投资于交易关系中的专用资产面临被侵蚀的危险，渠道成员的行为目标之一就是防止其他渠道成员的机会主义行为。交易费用理论的第三个基本行为假设是风险中性。该假设认为，相同期望收益的情况下，渠道成员既不是风险偏好的，也不是风险规避的，而是选择期望收益最大的决策方案。这一假设认为，渠道组织在市场或科层组织的选择中，也是只考虑期望收益的。

交易费用理论对本书的作用：①交易费用是渠道成员间关系的基本问题，渠道管理的根本目的就是降低商品在流通渠道中的交易费用，提高渠道成员的收益。本书的最终目的也是降低渠道交易费用，改善渠道成员的绩效。而且，本书基于交易费用理论的环境和行为不确定导致机会主义行为容忍，从而造成不同类型的机会主义行为，并最终对渠道绩效造成影响的逻辑。②机会主义行为是交易费用理论的重要维度，尤其是因为渠道边界人员对机会主义行为的容忍而造成不同类型的机会主义行为，成为影响渠道之间绩效的重要因素，对该因素的研究，成为揭开渠道关系与交易费用黑箱的关键。③在交易费用理论的环境和行为不确定性假设前提下，渠道边界人员对机会主义行为容忍的原因之一就是基于渠道治理费用（交易费用之一）与容忍损失之间权衡的选择，组织之间考量的标准还是组织之间交易费用化。在遵循交易费用理论的有限理性的前提下，渠道成员只能在信息不对称和认知有限的情况下进行满意的决策。

3.1.2 容忍区理论及其应用

容忍问题一直广泛地存在于人们的生活中，广泛地受到政治、法律、语言、文化、经济、管理等研究领域的重视，但市场营销对容忍问题的研究时间还不长，而且主要集中在营销的两个领域：一个是服务营销中对服务期望方面的研究，另一个是对消费容忍区的研究。

容忍区的概念源于 Kahneman 和 Tversky（1979）提出的“不对称反应”，这个概念是基于期望效用的研究而提出的。Woodruff 等（1983）提出的“不敏感区域”的概念，更接近于当前的认知。他们不仅提出了“不敏感区域”的概念，而且还对其影响因素进行了研究，认为品牌经历、品牌熟悉度、个人涉入度等因素都会影响消费者的感知。将消费者接受的条件从某一个点延伸为一个区域，逐渐为研究者们认可。而且，研究发现，消费者是否接受某一交易条件，不再是是与非两级答案，而是由不可接受（不满意）、可接受（没有不满意但也不惊喜）和完全接受（惊喜）三种状态构成的连续体（Kennedy and Thirkell，1988；Poiesz and Bloemer，1991）。在可接受区域（容忍区域）内，顾客对交易条件的敏感程度比较低，超出了容忍区域边界，顾客对交易条件的敏感程度就比较高。

Parasuraman 等（1991a）研究认为顾客的期望存在两种状态，即理想的服务期望（顾客渴望得到的服务水平，达到这个水平，顾客就会认为性价比高，物超所值）和适当的服务期望（顾客可接受的服务水平，即顾客在支付一定成本的情况下，其应该获得的回报）。理想的服务期望是顾客感知的上边界，超过这个上限，顾客就会感知到物超所值；适当的服务期望是顾客希望交易必须要达到的条件，低于这个下限，顾客会认为是不可接受的；介于理想的服务期望和适当的服务期望这上下限之间的区域就是容忍区，反映了消费者感知的可接受的不敏感条件。容忍区实质上是一种顾客心中期望的体验，这种期望与实际体验进行比对，从而在消费体验中产生不同的体验感觉（输出状态），即不满意、满意和愉悦（Jonhnston，1995）。如果消费或购买体验低于希望的基本要求（适当的期望），顾客就会产生不满意的情绪反馈；如果消费体验高于理想的服务期望，顾客就会产生愉悦的感觉；如果顾客消费的体验是认为服务是可接受的，顾客的感知就是满意

（Jonhnston，1995；郭国庆等，2004）。

郭国庆等（2004）应用双因素理论对顾客容忍区理论进行的解释和拓展，补充了容忍区产生的理论前因。郭国庆等（2004）认为，根据双因素理论，关于外来的刺激因素，有些因素具有激励效应（这些因素被称为激励因素），有些因素却只能起到消除不满的效应（这些因素被称为保健因素）。服务作为外来的刺激因素，有些是核心的，有些是非核心的，而顾客对服务的期望也有核心利益期望和非核心利益期望两种。在不满意区域内，保健因素会起作用，保健因素的满足会减少顾客的不满意情绪，即在这个区域内，提供的核心服务必须要满足消费者的核心利益期望，只有核心利益期望满足了，顾客才不会不满意。当顾客不存在不满意状态以后（达到容忍区的下限），增加的保健因素发挥作用很小，而激励因素发挥的作用较大。在顾客的核心利益得到满足以后，就需要提供非核心服务，满足顾客的非核心利益，通过这些"魅力条件"提高顾客的满意度。

顾客的理想服务期望和适当服务期望不是一成不变的，而是因人而异、因时而异、因情景而异、因经历而异的，服务加强物、感觉到的服务选择、服务中角色的自我意识和环境因素对服务期望（特别是适当的服务期望）产生影响（Parasuraman et al.，1991b）。而且，这两种期望的变化情况也是不一样的：适当的服务期望变化幅度和频率要远大于理想的服务期望的变化，即适当的服务水平比渴望的服务水平更富有弹性（Parasuraman et al.，1991b）。适当的服务期望和理想的服务期望这两个边界的变化，实质上造成了容忍区位置和宽度的变化，顾客在服务过程中的参与程度、顾客的态度、服务质量维度的权重都会对容忍区的变化产生影响（Johnston，1995）。

翟森竞等（2008）将容忍区理论引入组织间关系中，用于研究渠道成员之间的关系容忍区，拓展了容忍区的研究范畴。翟森竞等（2008）在显性契约、关系契约的基础上，通过引入心理契约，从逻辑上推导了心理契约与感知不公平存在相关性，通过对不公平容忍区域的刻画，研究渠道成员对不公平容忍的问题。

容忍区理论对本书的作用包括以下几点：①组织之间的行为本质上依赖于组织之间承担相应职能的个人完成工作，相应地，组织之间的活动就变成成员个体之间的服务与被服务的互动过程。对这种过程的研究，不能抽象地离开人的行为来进行。渠道边界人员个人之间对对方机会主义行为的态度，也就形成对组织间的相互作用。②渠道成员对对方机会主义行为容忍度的高低、容忍区的大小，很大程度上取决于边界人员对机会主义行为的感知和容忍，影响渠道边界人员对机会主义行为容忍的重要因素就是边界人员之间的相互关系。③在人情社会中，渠道边界人员个人的关系导向（重视关系还是重视工作），会对渠道中不同类型的机会主义行为（显性的机会主义行为和隐形的机会主义行为）产生不同的容忍，从而最终影响渠道成员的组织绩效。

3.1.3 心理契约理论及本研究应用

心理契约源于组织行为学研究，Argyris（1960）在 *Understanding Organizational Behavior* 一书中最先提出了“心理工作契约”（psychological work contract）的概念，用于描述工厂内部雇员和工头之间的关系。作为建立在组织和员工之间的一种期望和信念，心理契约界定了关系双方所拥有的权利和承担的义务，关系双方在获得应该获得的东西时应该给予对方所期望的东西（Kotter，1973）。在关系双方约定的正式契约之外，心理契约互惠性地、隐含低地、非正式地体现了相互之间不言自明的约定。心理契约可以分为以交易为目标的交易心理契约和以关系建立及维护为目标的关系心理契约（Rousseau，1990）。交易心理契约建立在短期目标期望的基础上，心理契约主体之间以获得货币化的经济收益为追求目标，相互关注的目标是具体的；关系心理契约建立在关系双方长期合作目标的基础上，其中包含了更多情感的因素，关系双方投入较高的情感元素，能产生强烈的情感效应，相互追求的目标是隐含的关系延续和发展（罗海成和范秀成，2006）。

从心理契约的概念我们可以看出，尽管心理契约发端于对组织内部组织和员工关系的认知界定，但其概念完全可以延展到其他领域。例如，企业与顾客之间，不仅仅存在有形的合同等形式的契约，同时还存在许多没有显性地呈现出来的、内隐的认知，这些认知就是企业与顾客之间的心理契约（Roehling，1997）。由于心理契约理论和社会交换理论之间存在内在的一致性，两者都认为关系的相关方对对方存在相应的期望，同时也在心里知道需要为对方的期望付出什么，这种互惠性是相互关系存在的前提（罗海成和范秀成，2006）。

营销渠道中，渠道成员之间同样存在广泛的心理契约。为完成产品价值和实体转移而获取利益的目标，营销渠道成员之间达成了跨组织的联盟关系，相互之间都对对方应该完成的活动有所期待，同时也对对方对自己应该承担的任务有认知（Blancero and Ellram，1997）。渠道成员之间知道这种互惠关系是互相需要的，也是相互之间的价值所在。营销渠道成员都是具有各自利益诉求的个体，其保持渠道关系的基础就是期望同自己建立合作关系的渠道成员给予自己帮助和利益。同时，渠道成员也必须为其他渠道成员创造对方所期望的价值。只有这种相互期望的、互惠的价值存在，渠道成员之间持续的合作关系才能得到延续（Morgan and Hunt，1994）。这就是渠道成员之间心理契约存在的表现。

如前所述，渠道成员之间存在的权利义务关系，一般可以通过两种方式进行规范，即合同治理和关系治理。合同治理是通过合同的形式，对渠道成员之间各自的权利和义务及未来可能发展进行约束和规范。由于合同治理不能穷尽渠道成员将来面对的千变万化的内外部环境，所以在渠道成员之间还存在大量的没有规范的元素。关于这些没有被合同规范的元素，渠道成员双方对该元素的认识、处理规则都有一定期望，同时对自身应该承担的义务和责任有一定的感知和认识。由于渠道成员之间大量不确定性的存在，组织之间的关系合作就变得很重要，即关系治理成为调节渠道成员之间关系的另外一种有效的工具和方式。关系治理就是通过渠道成员之间的关系来感知和界定相互间应该付出的和应该得到的东西，这种关系契约在渠道成员之间起到了调节和规范相互期望的作用。这种软性契约不仅包含了对渠道成员对方期望的理解，也包含了对自己为对方成员付出的义务的认识（Lusch and Brown，1996）。

心理契约在渠道成员之间，不仅大量存在于渠道成员作为组织层面上，同时还存在于渠道成员的边界人员之间。渠道成员边界人员之间不同的关系状态，使渠道边界人员对相互之间的关系信任和关系义务有所界定。例如，渠道边界人员之间是生人关系，相互之间的互动规范就是公平原则，认为相互之间只是基于利益公平而合作的对象，也就是说，他们建立的是交易型的心理契约。在这种心理契约主导下，渠道成员之间以市场公平为评价标准，相互之间心理感知的是一时一事的交易公平，能认识到的是短期内的相互利益期望和付出。当渠道边界人员之间是熟人（朋友）关系时，相互之间坚持的是人情的互动法则，以此关系为基础，渠道边界人员从心理层面认知到，他们之间不仅有经济利益的期望和义务，还有更深程度介入的感情和人情，也就是相互之间存在交易心理契约的同时存在关系心理契约。边界人员不是寻求短期的利益公平，而是希望建立长期互惠关系，而且这种互惠（人情债）是不能还清的，也是无须还清的，而是在一方需要帮忙的时候提供帮助。如果渠道边界人员之间是家人（拟似家人）关系，相互之间就以需求作为交往的互动法则。在此关系状态下，边界人员认为对方作为家庭成员，需要无条件地满足自己的需要。当然，当对方需要帮助时，自己也要无条件地提供帮助。这种关系状态，边界人员之间认为相互之间是完全有期望帮助权利的，也就是说相互之间建立的是完全关系型的心理契约。在这种心理契约作用下，人际需要才是主要的，组织之间的利益完全让位于基于人际关系的相互需要。

3.1.4 角色理论及本研究应用

“角色”一词，起初在戏剧舞台中经常被使用，表示演员在特定的戏剧中表演特定的人物。为了对个人和社会关系进行研究，Mead（1934）把角色这一概念引入社会研究领域。同时，角色理论也逐渐从社会学、心理学与人类学三大领域中发展起来，并逐渐成为跨学科理论。角色是一种行为，是个体行为模式的总和，反映行为个体在社会网络中相应的位置和承担的社会功能。这种位置既是因承担某种社会功能而被社会网络期望的行为范式，也是行为个体在该位置上进行角色扮演期望实现的行为表现。每个行为个体扮演相应的社会角色，这个社会网络才能像一台运转正常的机器，完成更大的社会系统赋予的相应功能。

社会网络对角色扮演者既有完成相应角色人物的品格、个性、能力等素质方面的期望，也有对角色扮演者行为、衣着等规范性的要求，还对角色扮演者有承担相应工作并保证高质量完成的业务要求（Sarbin and Allen，1968）。行为主体承担一定的社会功能，也就是扮演相应的角色。行为主体扮演相应的角色，其行为就要符合社会对该角色的期望和行为规范。不同的角色享有相应的社会地位，发挥完成相应社会功能的作用，承担完成相应作用的责任，并享有承担相应责任的权利。尽管社会对特定角色存在特定的期望，期望其行为达到一定的标准和规范，但是这种期望也可能因为行为主体特定的身份条件而有所不同。例如，人们对一个多年从事某一职位的有经验者的预期就更高，而对于新入职的从业者来说，尽管角色扮演者也需要达到基本的要求和条件，但这些人需要一定的时间学习、锻炼、提高，最终达到角色的全面要求（Solomon et al.，1985）。

人们在社会生活中，在不同的情景下总会扮演不同的角色，这些不同的角色之间可能存在冲突（Arnett et al.，2003）。角色冲突包括角色内冲突（人们对角色的期望和要求不一致）、角色间冲突（同时扮演的多种角色所需要的角色规范不一致）（Gross，1958）。从社会外在评价来看，人们更关注角色间的冲突。由于人们对不同角色的期望和规范不同，在面对不同角色期望的冲突时，不论对角色承担者还是期望者，都会造成诸多矛盾性的后果，甚至造成角色效果混乱。

在商业领域，角色理论应用非常广泛。组织之间的行为，离不开组织之间活动承担者的行为，组织之间边界人员的互动，无疑会对组织间活动和绩效产生重大影响。Heide 和 Wathne（2006）将组织之间的角色行为进行界定，认为组织成员的商人角色和朋友角色同时存在，并在组织之间的互动中交织在一起，只有组织的管理机制与角色相匹配，才能使渠道成员之间产生良好的绩效。在人情社会中，组织之间的关系被赋予了更多的个人情感色彩，组织之间的组织行为被打上了更多边界人员互利互惠、恩怨互报的人际烙印（文崇一，1989；Hwang，1987）。因此，边界人员在相互的联络过程中，组织人和个体人的角色、利益往往是交织在一起的，既可能是融合的，也可能是冲突的。

角色理论对相关研究的作用包括以下几点：①营销渠道边界人员代表了组织而不是个人，因此营销渠道边界人员本身承担了组织利益代表的角色。同时，渠道成员之间的商业活动，往往离不开组织边界人员之间的互动，故渠道成员边界人员承担了与其他组织建立联系的个人情感联络人的角色。②边界人员承担的商人和朋友的角色，往往面临冲突。商人之间坚持公平法则，期望公平的交易，要求角色扮演者的边界人员按照市场规则完成相互之间的互动活动（Heide and Wathne，2006）。朋友之间强调的是人情法则，强调朋友之间重“义”而轻“利”。在中国的许多企业（特别是家族企业）中，渠道成员之间还广泛地存在亲人或拟似亲人关系，这种关系是按需求法则处理相互之间的关系，这与西方国家企业间关系处理法则不同，这种差异为我国营销学者进行组织间关系研究提供了更多的课题。③本书中边界人员对机会主义行为的容忍问题，需要考量渠道边界人员既作为组织人，从组织利益出发对渠道成员机会主义行为的容忍，也就是边界人员基于工作而对机会主义行为容忍。同时，边界人员之间不同的关系性质和强度，也使其基于人际关系和利益而对待机会主义行为的态度（即边界人员基于个人对机会主义行为的容忍）大不相同，从而对机会主义行为的容忍程度差异很大。

3.1.5 社会网络理论及本研究应用

一般认为，真正意义上的社会网络理论研究，始于梅奥的霍桑实验发现的非正式组织。“社会关系网络”这个词首先出现于拉德克利夫·布朗（Radcliffe Brown）在 1940 年对社会结构的描绘中。Barnes（1954）最早运用“社会网络”概念研究以友谊、亲属及邻居为基础形成的非正式、私人性的社会网络。经过格奥尔格·齐美尔（Georg Simmel）、怀特（H. C. White）、马克·格兰诺维特、罗纳德·伯特（Ronald Burt）等学者的大量研究，社会网络理论逐渐形成一个完整的理论。

Granovertter（1973）提出了社会连带强度的概念，并且提出从认识时间的长短、互动的频率、亲密性和互惠性服务内容四个维度来测量社会连带强度。Granovertter 认为社会连带关系存在强弱之分，而且由于强连带中重复的信息通路比较多，而弱连带中相互之间的社会差异性较大，跨群体中“桥”的存在可能使弱连带更有利于信息传播，从而使社会关系弱连带比强连带更具有优势。Granovertter 还发展了 Polanyi 等（1957）提出的“嵌入”的观点，进一步完善了经济活动“嵌入”的内涵，认为人们的经济活动都是经过个体及群体之间的互动而相互交织在一起，通过相互嵌入的社会网络，人们建立彼此信任的关系，从而使交易成为可能，也影响了交易费用。

在奥地利学派和 Granovertter 的弱连带理论的基础上，Burt（1992）提出了“结构洞”的概念，他指出结构洞就是两个关系人之间的非重复关系，结构洞可以通过凝聚力和结构等位这两个指标来测量。Burt（1992）认为，人们所处的社会网络中，不是所有的个体相互间都有连带关系，这种相互间断的现象，从整个社会网络的角度看，就像在完整的网络中出现一些漏洞，也就是结构洞。结构洞的存在，表明连接这些漏洞的第三方拥有了信息优势，利用这种第三方的控制优势，可以从中获利。

将数学的分析范式引入社会网络分析以后，社会网络理论在心理学和人类学的基础上，形成了完整而科学的研究范式。由于分析的出发点不同，社会网络理论有两种研究范式，即个体研究范式和整体研究范式。基于个体视角的个体社会网络研究范式也就是自我中心网络范式，其重点在于从个体出发，研究其所处的网络的性质、在网络中所处的位置等；基于整体视角的社会网络研究范式也就是整体社会网络范式，其重点在于研究整个网络的结构和关系，从行动者层面、对偶关系层面、整体网络层面的多视角研究限定对象的社会网络（孙立新，2012）。

社会网络理论对本书的作用包括以下几点：①人所处的社会环境，由种种或亲或疏、或远或近的社会关系构成。人与其所接触的人之间，就是通过这些由各种关系构成的人脉网络连接起来的，形成具有结构特点、强度不一的人与人之间的社会网络。在情感色彩更浓的人情社会中，这种社会网络的特色尤其明显和突出，所以从社会网络的关系角度研究渠道成员关系，使研究更具可行性，更接地气。②渠道边界人员处理营销渠道间关系的时候，不仅会考虑渠道组织之间的利益关系，同时还会基于渠道组织边界人员间的关系状态来确定互动的规范、处事的原则。尤其是组织之间存在独立利益的时候，组织因追求自身利益最大化可能会损害到其他组织的利益时，边界人员是秉公办事还是会因为私人关系而采取容忍态度，就成为研究中需要解决的问题。③中国是人情社会，费孝通（1948）的差序结构理论将中国人之间的关系划分为生人关系、朋友关系、家人或拟似家人关系，这些关系状态分别适用公平法则、人情法则、需求法则等相互作用规范，这些规范渠道组织之间的信任和对机会主义行为的容忍度产生不同的影响，最终影响组织之间的渠道绩效。

3.2 研究假设

3.2.1 边界人员间关系对边界人员对机会主义行为容忍的影响

机会主义行为是一种损人利己的行为（Williamson，1975），本质上对渠道关系具有破坏效应。传统的交易费用理论认为，为了降低渠道中的交易费用，就要尽量降低渠道中的机会主义行为。但是，交易费用理论的不确定性假设认为，渠道成员面临外部不确定性和内部认知的不确定性，导致营销渠道中不可能通过预先设定情景进行交易，规范渠道成员行为的协议也不可能穷尽未来发生的所有状况。同时，由于渠道成员决策者面临信息的不对称问题，不可能做到最优化的决策，只能做到决策满意化。基于信息收集成本考虑和信息收集与决策时间的约束，渠道成员通过合同来完全约束其他成员的机会主义行为是不现实的。渠道成员需要在可能面对的机会主义行为产生的成本和渠道治理成本与决策成本之间进行选择：当渠道成员预测通过进一步治理措施降低机会主义行为的成本高于机会主义行为本身带来的破坏成本时，渠道成员就会选择对适度的机会主义行为进行容忍；当渠道成员预测的机会主义行为对渠道带来的现实和未来的破坏成本大于对机会主义行为治理的成本时，渠道成员就会选择加强信息收集、加强渠道治理手段等方式提高机会主义行为治理强度。

但是，渠道成员之间处理相互关系时，不完全理性地比较渠道机会主义行为成本与容忍机会主义成本之间的交易费用选择问题。成员之间（个人之间、组织之间）相互强调“报”的交往原则。成员相互之间为对方提供帮助，接受帮助的一方就相当于背上了人情债（社会债务）（钱丽萍和任星耀，2012）。接受的帮助在对方需要帮助的时候，是需要报答的，即所谓“知恩图报”“滴水之恩涌泉相报”。如果渠道成员一方受到帮助而在对方需要帮助的时候不思回报，甚至恩将仇报，那么该渠道成员不仅会受到良心的谴责，还会为社会网络所不齿。但是，这种人情债，和真正的财务债务大有不同，财务债务是强调等价交换和公平偿还的[①]，是需要还清的。人情债是不需要等额偿还的，受到帮助的一方可以根据对方需要帮助时需要的大小提供帮助，额度的大小和接受的帮助可以不等。此外，受到帮助的一方，在需要帮助的时候，同样还可以接受对方的帮助。人情债不需要还清，也无法还清（一旦需要还清，双方的关系可能就到尽头了）。

人与人之间“差序结构”（费孝通，1948）的形成，有其合理的历史背景。华人中的生人之间，由于相互没有（或者几乎没有）交往的历史，相互之间还没有交易历史可以借鉴，双方只能基于一次交易的公平原则进行交易，双方都担心对方基于“一锤子买卖”的单次博弈而不愿有所付出或提供帮助。在这样一种状态下，交易双方都没有对未来有所预期，都抱着“害人之心不可有，防人之心不可无”的心态处理相互之间的关系。双方都把每次交易看做对立的，遵循独立的公平原则，因此追求的是单次的交易公平。但是，由于组织之间相互依赖，利益考虑，边界人员会容忍其他组织的机会主义行为。特别是在其他组织所拥有的资源是自己组织无法拥有和替代（或者替代成本很高）的情况下，出于组织利益考虑，会对对方的机会主义行为进行一定程度的容忍。例如，在新产品被推向市场的初期，渠道成员自身对市场渠道的控制能力比较弱，生产商除了在交易过程中对拥有渠道资源的经销商进行交易条件的妥协，在面对经销商的机会主义行为时也往往采取容忍的态度。再如，生产商在面对独家经销的经销商时，由于经销商掌握了更多的渠道资源，如果企业要更换不熟悉自己产品的经销商，可能使其利益受到更大的伤害，企业在更换经销商与现有经销商机会主义行为利益损失的权衡中，也往往选择容忍经销商的机会主义行为。因此，在渠道边界人员之间是生人关系、社会连带强度比较低的情况下，渠道边界人员基于个人原因而对其他渠道成员机

① 不一定等额，可能是本金与时间价值的总和，但去除时间因素是等额的。

会主义行为的容忍程度比较低，而基于工作视角对渠道机会主义行为有一定的容忍度。

当渠道边界人员之间的关系为朋友（或熟人）关系时，边界人员之间的关系已经不仅仅是工作关系了，相互之间已经多了更多个人之间工作之外的联系。在这种状态下，边界人员往往不再将工作和个人关系严格区分。边界人员作为朋友，相互交往基于人情法则，也就是说，朋友之间坚持“你敬我一尺，我敬你一丈；你对我有情，我对你有意”这样的人情交往关系。朋友之间相互帮忙是经常的，相互以人情、感情、面子等关系维度为纽带，相互给予对方人情，也领受对方的人情。朋友之间，强调“有福同享、有难同当”的江湖义气。在这种情况下，朋友之间要求不能背后捅刀子、不应该在背后算计朋友、不应该损人利已地对待朋友，背信弃义被认为是不“够朋友”、不讲“江湖义气”的事。因此，在这种情况下，基于渠道边界人员之间的个人关系，机会主义行为在朋友之间会受到很大程度的抑制。同时，由于在朋友关系状态下，渠道边界人员一般将工作和私人关系结合在一起。也就是说，当渠道边界人员认为组织关系建立在个人关系之上，工作关系就同个人关系相互交叉、融合。朋友之间的交往是为了提高“交情”，交情好了生意才好做（这也就是常说的“拉关系”）。也就是说，在这种人际交往中，边界人员不再把相互关系中承担的朋友角色和商人角色分开，而是必然地联系在一起了。因此，在营销渠道边界人员之间是朋友（熟人）关系的状态下，相互之间基于工作的容忍和基于个人的容忍是混在一起的。也可以认为，在此关系状态下，边界人员之间基于关系的容忍程度较之于生人关系状态的容忍程度低。

当营销渠道边界人员之间的关系为家人（或拟似家人）关系时，人员之间的互动原则为需求法则。也就是说，家人之间，一般是不分彼此的，相互之间按需求开展活动。华人对家的观念比较强，家人（或拟似家人）之间会形成一个比较紧密的团体。这种家人（或拟似家人）的概念不是狭隘的社会单位的家庭单位概念，而是指以血缘关系为基础连接起来的家族概念，也包括亲戚连亲戚的亲缘关系组成的泛家庭的社会网络。这网络可能是无形的，一般时间可能是没有密切联系的，但是只要成员之间有需要帮助的地方，其他成员会优先提供帮助，正所谓“打虎亲兄弟，上阵父子兵”。家人（或拟似家人）之间的关系在中国人的观念中是最紧密、最亲近的一层，家人的利益是需要最优先考虑和照顾的。在家人利益与外人利益发生冲突的时候，家人（或拟似家人）会把自己所在的家庭圈子的利益纳入优先考虑范围，甚至不惜牺牲圈外人的利益来维护家人的利益。因此，面对组织关系与个人关系的时候，中国人会优先维护家人关系带来的家人利益。机会主义行为是一种组织之间伤害其他组织的利益而使本组织获利的行为。边界人员既是家人连带的成员，又是组织之间联系的人员。边界人员在面对机会主义行为能给家人（另一组织的边界人员）带来利益而使本组织受到损失的时候，人们往往会选择损害组织利益而使家人获益。也就是说，因为对方是家人关系，边界人员会选择对渠道中的机会主义行为进行容忍。当营销渠道边界人员之间为家人（拟似家人）关系时，基于个人关系因素，边界人员对渠道成员的机会主义行为的容忍度很高。

综上所述，本书提出如下假设。

H_{1a}：营销渠道边界人员间关系①对边界人员之间基于个人对机会主义行为的容忍具有正向影响，即营销渠道边界人员间关系越好，边界人员基于个人对渠道机会主义行为的容忍越高。

H_{1b}：营销渠道边界人员间关系对边界人员之间基于工作对机会主义行为的容忍具有正向影响，即营销渠道边界人员间关系越好，边界人员基于工作对渠道机会主义行为的容忍越高。

3.2.2　边界人员间关系对边界人员间人际信任的影响

营销渠道边界人员即在本组织和其他组织之间起到连接作用的管理人员（Evan，1966）。组织之间的业务联系和关系发展，是以边界人员的联系和互动为基础的（Golicic and Mentzer，2005）。组织之间的边界人员，不仅通过相互联系完成本组织的任务和活动，同时还起到和其他组织联系起来的效果。同时，根据嵌入理论，组织之间的边界人员，使本组织的活动意图和计划通过对其他组织的渗透，深入到其他组织的计划和作业活动中，从而使本组织的意图在其他组织中得以体现和延伸。组织之间的这种延伸和渗透，将组织与组织更加有机地联系起来，共同形成一架有序运转的机器，从而提高各个组织的运行效率，完成各个组织的运行目标。

完成这些组织间目标的基础都是边界人员之间的合作和配合。组织之间边界人员不仅起到不同组织之间纽带的作用，还承担了完成组织对外窗口的作用。营销渠道是为了实现产品销售、将产品从生产商转移到消费者、实现产品的价值和使用价值的通路。渠道成员之间的基本目标是一致的，所以渠道中各个成员都有提高整个渠道供应链整体利益的基本动机。在渠道成员之间，边界人员之间相互的连带关系对渠道整体利益的实现起到了保障作用。尤其在华人组织之间的商业关系中，因边界人员之间关系而建立起来的相互信任联系，为商业活动的成功提供了信誉保证，从而减少渠道成员之间的误会和摩擦，使双方之间的互动活动有序化，良性发展，从而可以降低渠道成员之间的交易成本（庄贵军和席酉民，2004）。

---

① 为表述简洁，如无特殊说明，本书构念“营销渠道边界人员间关系强度”一般简化为“边界人员间关系”。

实证研究也证明组织边界人员对组织间关系会产生影响。营销渠道边界人员相似度越高，相互之间的商业价值观越相似，相互接触越频繁，越能提高边界人员的了解，也就可以增进边界人员之间的人际信任（Doney and Joesph.，1997；Carolyn et al.，2001），同时还会影响组织之间的信任（Armstrong and Siew，2001）。渠道边界人员之间的社会连带越强烈，私人关系越好，相互感知的组织关系会越紧密，组织之间就会对对方抱有更加正面的发展期望（Alexandra，1997），这将对组织的战略制定和选择产生重要影响（Caroline and Sheelagh，2001）。由此可以看到，信任是组织之间活动的基础，组织之间的活动绩效建立在相互信任和承诺的基础之上（Morgan and Hunt，1994）。同时，信任作为关系营销的基础和核心变量，要求组织边界人员之间首先建立信任。只有边界人员之间建立了信任，组织之间才可能有信任，组织之间的信任和承诺推动组织目标的实现。

组织之间边界人员之间的连带，有亲有疏，有强有弱。在华人中，人员之间关系强弱的基础，往往由近到远，由一层层的圈子构成。根据费孝通（1948）的差序格局理论，中国人的关系可以划分成家人关系、熟人（或朋友）关系和生人关系。不同的层次圈子的个体之间，往往采取不同的交往规范：生人之间的交往遵循公平交易的行为规范（公平法则），交易过程中强调平等和公平，交易以每次的交易为基础，强调公平交易；熟人（朋友）之间的交往遵循人情规范（人情法则），熟人（朋友）之间不强调一时一事的公平，而是相互之间以人情为基础，相互帮忙，循环往复，人情债还不完，也不用还完；家人（拟似家人）之间遵循需要法则，成员之间既不强调公平（指社会性公平），也不以人情为基础（不需要还人情债），而是根据相互需要进行调剂，在大体合理的基础上进行分配。华人之间，“圈内人”和“圈外人”的界限比较清晰，“圈内人”（往往称自己人）之间的交往可以在比较随意中体现出强烈的内聚力，“圈外人”（或称外人）遵循着交际的社会规范，其凝聚力较低。

个人关系强度，强烈地受到个人之间社会连带性质的影响，圈内人之间的关系强度强于与圈外人的关系强度，陌生人之间、熟人（朋友）之间、家人（拟似家人）之间的关系强度呈现由弱到强的状态（费孝通，1948）。正是由于人们彼此间社会连带性质不同，相互的情感认知不同，相互之间的信任程度也不一样。渠道成员个人之间的连带关系越密切，就越会形成一种自然的亲近感，就会发自内心地提高相互之间的信任感知。这种由亲近感而形成的亲近感知，是基于亲缘、血缘、地缘、合作历史等形成的，这种感知一旦形成，就会减少对对方行为的怀疑，提高对对方的正面、肯定的评价，提高对对方行为的善意的认知，从而形成稳定的人际信任（Morgan and Hunt，1994；王晓玉和晁钢令，2006；庄贵军等，2007）。王晓玉和晁钢令（2006）以中国家电分销渠道为研究背景的实证研究证明，营销渠道边界人员间私人关系的密切程度对边界人员间人员信任程度有正向影响。渠道之间相互依赖程度高的情况下，一般都是坚持长期关系取向的，渠道之间长期关系取向的建立更依赖于个人之间建立的长期关系忠诚，而这种个人之间的关系忠诚又是建立在边界人员之间的私人关系基础上的，边界人员的个人关系对相互信任具有重要影响（胡保玲，2008a）。

Lee 和 Dawes（2005）通过对渠道边界人员关系不同维度与成员间信任的关系进行研究，发现面子和互惠对成员间信任没有显著影响，而面子和互惠本身表征了人员关系中的工具性成分，这就在一定程度上说明了边界人员间带有工具性成分的关系对相互之间的信任也没有影响。边界人员之间关系的情感性成分，对相互之间的信任却产生明显的影响和促进作用。本书将渠道边界人员间关系划分为三类：生人关系、朋友（熟人）关系和家人（拟似家人）关系，这种关系本质上是由渠道边界人员社会连带的性质决定的，边界人员的社会连带性质更多体现的是成员之间的情感性质。因此，从社会连带强度出发，可以推导出渠道边界人员间关系与人员相互之间的信任程度越高。

综上所述，本书提出如下假设。

H_2：营销渠道边界人员间关系对边界人员间人际信任具有正向影响，即营销渠道边界人员间关系越高，边界人员间人际信任程度越高。

3.2.3　边界人员间信任对边界人员对机会主义行为容忍度的影响

渠道边界人员对机会主义行为的容忍，根本来说分为两方面：一方面是对机会主义行为主动不作为，一种是对其被动不作为。渠道边界人员对机会主义行为被动容忍的原因，既包括对机会主义行为治理成本与机会主义行为本身破坏性成本的权衡，还包括由于对渠道成员资源依赖而对其机会主义行为的“睁只眼闭只眼”的视而不见的被动接受行为。边界人员对渠道机会主义行为的主动容忍，可能是基于组织本身对环境不确定性无法准确把握时，对经销商在渠道开拓中自主发挥的一种观望态度。但是，边界人员间关系对机会主义行为的作用也不是单向的容忍效应，边界人员基于人际信任，对渠道中机会主义行为就具有抑制效应（Zaheer et al.，1988）。

从根本来说，信任就是认为自己可以把需要完成的活动交付给合作伙伴完成，认为合作伙伴不会算计自己，自己愿意承担被合作伙伴算计的风险。因此，被信任者感受一种被对方信任的尊重感知，就会在从心理和行为上约束自己的行为，如果涉及个人之间的利益，信任程度越高，越认为对方不会欺骗自己，不会做出损人利己的行为（Morgan and Hunt，1994；庄贵军等，2007）。如果对方基于个人的利益损害了自己的利益，人们会觉得更不可容忍，也就是说，随着人们之间的关系强度变得越强，人们对涉及个人直接利益的容忍程度会降低，即对涉及个人利益的机会主义行为的容忍会降低。

正如前文所述，在营销渠道边界人员间关系还是生人关系时，边界人员代表组织的角色成分更重，人们在相互交易过程中，会将组织利益和个人利益进行捆绑，认为自己是组织人。在这种关系状态下，边界人员之间的信任程度很低，因此基于个人对机会主义行为的容忍程度就比较低。随着边界人员间关系强度提高，从生人关系到熟人（朋友）关系，朋友之间的信任程度提高后，人们在意识中逐渐将朋友和商人的角色分离。特别是渠道边界人员之间关系状态是家人（拟似家人）关系时，边界人员更进一步将组织关系和个人关系分离开，个人之间的利益是需要照顾的，朋友甚至家人更是需要帮忙的（黄光国，2004）。随着边界人员之间个人关系性质和强度变化边界人员之间的信任逐渐发展为朋友间的信任，这种信任是不该违背的，如果违背了朋友和亲人的信任，就会招致社会舆论的谴责。因此，边界人员间关系信任程度的提高会使其基于个人利益而对渠道之间机会主义行为的容忍度降低。

在渠道边界人员之间是生人关系的状态下，相互之间的信任程度比较低，渠道成员之间都是基于工作考虑。边界人员对组织利益还是“公事公办”的，相互之间交易都是基于一时一事的公平交易，在此情况下，只要对组织损害最小，边界人员往往选择对渠道成员机会主义行为进行容忍。也就是说，在渠道边界人员间信任程度比较低的情况下，边界人员基于工作的容忍程度比较高。当渠道边界人员是朋友（熟人）关系时，边界人员之间即是私人朋友关系，朋友之间强调人情，相互之间的信任是以人情为基础的。边界人员个人认为，给予对方的信任，对方也会迟早以人情的方式返还自己。当渠道边界人员之间为家人（拟似家人）的关系状态时，渠道边界人员考虑问题时更多从个人关系考虑，基于个人之间相互照顾需要。但是，根据角色理论，边界人员在充当家人（拟似家人）的同时，还充当了组织之间相应功能承担者的角色，由于相互更加了解，关系更加密切，如果组织之间的机会主义行为影响了个人的在组织内的地位，个人就认为是对自己和关系的一种背叛。所以在这种状况下，渠道边界人员从组织的角度对机会主义行为的容忍度是比较低的。

综上所述，本书提出如下假设。

H_{3a}：营销渠道边界人员间人际信任对边界人员之间基于个人对机会主义行为的容忍具有负向影响，即营销渠道边界人员间人际信任越高，边界人员基于个人对渠道机会主义行为的容忍越低。

H_{3b}：营销渠道边界人员间人际信任对边界人员之间基于工作对机会主义行为的容忍具有负向影响，即营销渠道边界人员间人际信任越高，边界人员基于工作对渠道机会主义行为的容忍越低。

3.2.4　边界人员间信任的中介作用

营销渠道边界人员之间关系不同，渠道成员之间的信任程度不同（王晓玉，2006；胡保玲，2008a，2008b）。边界人员间关系性质和强度决定边界人员之间遵循不同的行为规范，不同的行为规范包含不同的人际信任。从生人到熟人（朋友）到拟似家人，从外而内，人们之间的信任程度差异明显。人们信任“圈内人”，而对“圈外人”抱有较多的怀疑和戒备，即对“圈内人”的信任程度高于对“圈外人”的信任。人们常说的“在家靠亲人”“出门靠朋友”，就反映了这种对不同人际关系的信任和依赖程度的高低。

根据 Morgan 和 Hunt（1994）的信任—承诺理论，渠道成员之间的关系利益是影响信任和承诺的重要因素，信任和承诺对成员行为产生显著影响，即信任和承诺在两者之间起到重要的调节作用。就渠道边界人员而言，基于渠道人员之间的不同关系状态而产生的信任，将在自己的行为方式中体现出来。由于边界人员之间关系比较紧密，关系强度较高，相互之间信任程度也较高，在心理上产生的对信任的心理期望，认为好友或亲人之间的信任是不能背叛的，导致对对方发生的机会主义行为的容忍就比较低。

由此可以看出，信任在边界人员间关系和对机会主义行为容忍中起调节作用。同时本书结合 H_2、H_{3a} 和 H_{3b}，提出如下假设。

H_{4a}：营销渠道边界人员间关系通过边界人员间信任影响其基于个人对机会主义行为的容忍。

H_{4b}：营销渠道边界人员间关系通过边界人员间信任影响其基于工作对机会主义行为的容忍。

3.2.5　边界人员对机会主义行为容忍对渠道中机会主义行为的影响

从社会网络理论的角度看，作为一个相对封闭的社会网络组织，组织内部运行依靠层级组织的规章和制度予以保证。由于组织内部人员相互交换信息的频率比较高，所以组织内部的结构更加严密。但是，组织之间一般依靠市场对其供给与需求进行调节，各个组织相互之间人员连接相对比较少，信息沟通不频繁，可以认为组织之间人员社会连带强度比较弱，即组织之间存在大量的结构洞，边界人员就起到了连接这些结构洞的“桥”的作用。渠道边界人员在渠道成员之间起到交易连接的作用，将渠道成员的需求、信息、合作要求、未来发展规划甚至相互感知和情绪等都进行交换。

正是由于边界人员在渠道成员之间起到物质、信息、资金等流动和交换的连接“桥”的作用，边界人员之间良好的合作关系可以使这些物流、商流、信息流、资金流等畅通完成。但如果边界人员之间合作存在障碍，可能使组织之间的各种交换存在问题。边界人员对机会主义行为的容忍，同样对渠道成员之间机会主义行为发生的性质和频率产生影响。

（1）边界人员基于个人关系对机会主义行为的容忍对渠道成员机会主义行为的影响。

渠道边界人员之间关系性质和强度不同，导致边界人员基于个人对渠道成员其他方的机会主义行为容忍程度不同。边界人员间关系强度越强，基于个人关系而对机会主义行为的容忍程度越高。总体而言，边界人员基于个人对机会主义行为的容忍越高，机会主义行为发生的概率会更高。但是，渠道之间的机会主义行为，按照其发生的性质，可以分为违反合同的显形式的机会主义行为和除违反合同以外的机会主义行为。由于违反合同规定的机会主义行为属于“明目张胆”地违反双方的约定，从人们的理解和认识上来看，违反约定的性质比违反没有合同约定的机会主义行为更严重。基于个人关系，人们不能容忍公开地违反约定，人们认为公开违背约定是不可接受的。一旦渠道边界人员感知到对方由于个人关系，对机会主义行为的容忍度比较高，渠道成员就可能更多地采取对自己有利的机会主义行为。所以，从个人的角度来看，边界人员基于个人对机会主义行为的容忍度越高，渠道成员之间的机会主义行为就越多。

由于渠道之间边界人员的行为在很大程度上代表渠道成员之间的行为，所以渠道边界人员基于个人关系的活动会在很大程度上影响渠道成员之间的关系发展。尽管渠道边界人员作为渠道成员之间的“桥”，在信息等方面相对于组织内的其他成员具有较大的优势地位，但是渠道边界人员的行为还会受到组织内部管理制度和层级关系的影响，这种影响经常表现在对边界人员行为的监督上。所以，渠道对方的成员公开违反合同的机会主义行为，边界人员基于个人关系也只能在一定程度上予以容忍。但是对对方渠道成员违反合同之外的机会主义行为，边界人员之外的其他人员（包括对渠道边界人员具有监管责任的人员）就很难发现。所以，渠道边界人员基于个人关系而对对方渠道成员的机会主义行为的伸缩性就更大，也就是容忍程度可能更高。渠道成员对这种边界人员的容忍程度会有所感知，也就更容易产生违反合同的弱形式的机会主义行为。也就是说，渠道边界人员基于个人对渠道成员机会主义行为的容忍度越高，对方渠道成员的弱形式机会主义也越高。

综上所述，本书提出如下假设。

H_{5a}：营销渠道边界人员基于个人对机会主义行为的容忍度对对方渠道成员强形式机会主义行为具有正向影响，即营销渠道边界人员基于个人对强形式机会主义行为的容忍度越高，渠道成员机会主义行为越多。

H_{5b}：营销渠道边界人员基于个人对机会主义行为的容忍度对对方渠道成员弱

形式机会主义行为具有正向影响，即营销渠道边界人员基于个人对机会主义行为的容忍度越高，渠道成员弱形式机会主义行为越多。

（2）营销渠道边界人员基于工作对机会主义行为的容忍对渠道成员机会主义行为的影响。

渠道边界人员作为渠道之间的连带，要完成组织需要的工作和活动。因此，边界人员在解决渠道间关系时，就不能完全任由自己的好恶来开展活动，在很大程度上还需要考虑组织的利益。边界人员之间建立的关系，有可能是基于个人关系而建立的相互帮忙（favor-seeking）的关系，也可能是为了获得商业上的利益为建立的寻租（rent-seeking）关系（Su and Littlefield，2001）。渠道成员之间，某一方基于自身利益，在短期内会和其他方建立一种权力与经济交换关系（Su and Littlefield，2001；金杨华和吕福新，2008）。也就是说，在一定时期内，渠道一方的为了利益，可能会尽量建立和保持与对方渠道成员之间的合作伙伴关系，这种渠道之间的关系是建立在理性的算计、互惠的基础上的。从渠道成员的角度看，组织之间的商业往来不管是物质交换还是感情交换，目的都是实现互惠。就文化背景和时代背景来看，我国目前还处于社会经济的转型期，组织之间的利益还不能完全依赖完备的法制来解决，个人关系还是组织之间商业活动中必要的手段。企业为了自身利益最大化，与相关主体保持良好的关系是重要的方式（金杨华和吕福新，2008）。基于组织利益而建立的关系，可能会带来桌下交易等伦理行为（Standifird and Marshall，2000）。但是，为了组织的长远利益，企业在短期内的利益让渡是经常发生的。特别是由于边界人员基于工作考虑，对对方渠道成员机会主义行为的容忍，会成为组织的一种策略。这种基于工作的容忍程度越高，对方渠道成员更能感知自己在双方交易中的优势地位，违背合同的机会主义行为可能也就越多。

渠道成员之间的合作，实际上是在相互拥有的资源互补的基础上进行的交易行为，根据资源依赖理论，渠道成员中拥有优势资源的一方在双方合作过程中会拥有更多的话语权。由于相互之间基于资源所拥有的权力不对等，渠道成员中被依赖的、更有权力的一方，感受到对方对自己的依赖和容忍，从而或使有权力的一方滋生机会主义行为。对待关系的态度与机会主义行为之间存在相关关系（刘益和曹英，2006）。组织之间（或个人之间）关系，不仅包括了相互帮忙的关系，这种关系是基于相互有利的原则而为对方提供的一种支持行为。同时，组织之间（或个人之间）还存在为个人利益（己方组织利益）而有目的地建立或寻求的关系，这种关系取向完全是基于己方利益而建立的，这种关系可能导致为一己私利而采取投机行为。作为渠道成员的每一方，都会对对方渠道成员对己方的关系取向产生一种认知，也就是说渠道成员之间会对对方与己方维持关系的态度有一个总的看法或者判断（Jap et al.，1999）。人们强调人情，会对赤裸裸的权钱交易存有天生的抵触情绪。当渠道成员一方感觉到对方是基于其自身利益而维持相互关系，认为对方最终有可能会伤害自己时，就会对对方提高戒备，相互之间的渠道冲突往往无法避免（汪涛和秦红，2006）。同时，由于渠道成员感觉到对方建立和维持关系的用意，认为对方会为维护组织利益而对机会主义行为存在容忍。另外，又基于对对方的不信任和对关系长期存续不抱希望或者认为是“一锤子买卖”因而会在交易过程中采取机会主义行为。由于渠道成员之间是市场上相互博弈的对象，作为经纪人的渠道成员，当然会在可能的情况下追求自身利益最大化。所以，渠道成员会在合同条款规定之外尽可能占到对方的便宜，也就是弱形式的机会主义行为出现的概率会高，这就是中国文化中的“以其人之道还治其人之身”，即是说，基于工作的角度，对机会主义行为容忍度越高，强形式机会主义行为发生的可能性就越大。

综上所述，本书提出如下假设。

H_{6a}：营销渠道边界人员基于工作对机会主义行为的容忍度对对方渠道成员强形式机会主义行为具有正向影响，即营销渠道边界人员基于工作对机会主义行为的容忍度越高，渠道成员强形式机会主义行为越多。

H_{6b}：营销渠道边界人员基于工作对机会主义行为的容忍度对对方渠道成员弱形式机会主义行为具有正向影响，即营销渠道边界人员基于工作对机会主义行为的容忍度越高，渠道成员弱形式机会主义行为越多。

3.2.6 渠道依赖对关系与容忍、信任与容忍的影响

Bergen 等（1998）研究发现，渠道依赖程度是影响对机会主义行为容忍的重要因素。渠道成员的一方希望从渠道的另一方获得的资源和利益越大，或者一方更重视渠道合作带来的利益，对另外一方的依赖程度越高，对另一方的机会主义行为的容忍程度也就越高。

营销渠道边界人员对机会主义行为的容忍，尽管受到边界人员之间关系性质和强度的影响比较大，但是边界人员在渠道中的活动空间，还要受到渠道成员之间各因素影响，这些因素对边界人员对关系和信任对机会主义行为容忍的影响具有调节作用。渠道成员之间的影响因素一般都会反映到渠道的权力和依赖上。根据资源依赖理论，组织在某方面资源短缺的情况下会寻求与其他组织合作，这种合作是以对其他组织的依赖而形成的（Schoormann et al.，2007）。如果对方组织的权力（正式权力和非正式权力）较大，本方对对方组织的依赖程度较高，本方就会在渠道互动中表现出更多的容忍度。即使面对对方的霸王条款和损害本方的行为，本方也在更大程度上采取容忍的态度，在承担一定损失的情况下维持和对方的关系，保证本方的利益在可接受的范围内。中国有句俗话叫“店大欺客，客大

欺店”，在一定程度上就反映了在双方关系不对等的情况下，处于权力和依赖关系弱势的一方面对被“欺”的情况而选择更大程度容忍的现实。渠道成员之间也面临同样的状况。

渠道成员的被依赖一方往往都表现出比较强势的状态；对对方依赖性比较强的一方，往往表现为更多的顺从或对对方行为的容忍。在中国商业活动中，对对方依赖性比较强的渠道成员往往通过“勾兑关系”，“疏通关系”的方式减轻对方对自己的强势行为甚至伤害行为。从另一角度说，边界人员对对方机会主义行为容忍，或者关系等因素对渠道成员之间的容忍的影响，受到渠道成员之间依赖程度的影响（或调节）。

营销渠道边界人员之间的信任对其影响机会主义行为容忍的程度，也受到渠道成员之间依赖的影响。渠道成员之间可以依赖边界人员之间的信任降低机会主义行为容忍，减少机会主义行为。但是，如果渠道成员之间的依赖并不对等，一方对另一方的依赖较强，被依赖一方就会表现出优越性而降低这种由于信任而带来的对机会主义行为的容忍影响，代之以更低的机会主义行为容忍度。

根据以上分析，本书提出如下假设。

H_{7a}：渠道成员被依赖的程度①越高，边界人员间关系对边界人员基于个人对机会主义行为容忍的影响就越低，即渠道成员被依赖的程度弱化边界人员间关系对边界人员基于个人对机会主义行为容忍的影响。

H_{7b}：渠道成员被依赖的程度越高，边界人员间关系对边界人员基于工作对机会主义行为容忍的影响就越低，即渠道成员被依赖的程度弱化边界人员间关系对边界人员基于工作对机会主义行为容忍的影响。

H_{7c}：渠道成员被依赖的程度越高，边界人员间信任对边界人员基于个人对机会主义行为容忍的影响就越低，即渠道成员被依赖的程度弱化边界人员间信任对边界人员基于个人对机会主义行为容忍的影响。

H_{7d}：渠道成员被依赖的程度越高，边界人员间信任对边界人员基于工作对机会主义行为容忍的影响就越低，即渠道成员被依赖的程度弱化边界人员间信任对边界人员基于工作对机会主义行为容忍的影响。

3.2.7　边界人员关系导向对关系与容忍、信任与容忍的影响

营销渠道边界人员对机会主义行为的容忍，无可避免地受到边界人员个人因素的影响，边界人员个人关系导向就是影响其行为的重要因素之一。边界人员的关系导向就是其对人际关系的认识和重视程度（庄贵军等，2008a，2008b），边界

① 为表达简洁，如无特殊说明，本书中的“渠道依赖”指“渠道成员被依赖的程度”。

人员的这种对人际关系重要程度的认知，通过行为方式在营销实践中表现出来。从总体上来说，中国人比较重视在营销活动中发展和利用个人之间的关系，但就边界人员个体而言，还是表现出对人际关系重视程度的差异性。有的渠道边界人员更重视工作，在工作中关系成分较低，“六亲不认”，这种工作导向的人对机会主义行为容忍程度较低。反之，工作中更重视关系的边界人员，在渠道管理活动中对机会主义行为容忍更容易受到相互关系的影响。

面对渠道成员中的机会主义行为，不同关系导向的边界人员受关系的影响不一样。关系导向比较高的边界人员，比较重视渠道成员之间的人情和面子，面对对方的机会主义行为，特别是该机会主义行为损害了己方组织的利益而没有直接损害自己个人利益的时候，边界人员会选择维护边界人员之间的个人关系，因此边界人员会为了维持个人的人际关系而不会采取过激的行为。边界导向比较低的边界人员，更重视组织的利益，对个人之间关系的重视程度较低。在面对渠道中的机会主义行为时，低关系导向的边界人员的容忍度比较低，倾向于采取正式而激烈的反应方式。

另外，由于边界人员在处理渠道成员之间事务时对人际关系成分的重视不同，所以边界人员对对方边界人员更友善，认为对方会基于相互之间的信任而减少伤害自己的行为。关系导向较高的边界人员认为既然自己给予对方信任，对方就更不应该采取伤害自己的行为，即机会主义行为。较低关系导向的边界人员，由于较少受相互之间人际关系的影响，更偏向于公事公办，组织之间的问题通过正式程序解决，对机会主义行为的容忍较少受个人之间关系的影响。

鉴于以上分析，本书提出如下假设。

H_{8a}：渠道边界人员关系导向越高，边界人员间关系对边界人员基于个人对机会主义行为容忍的影响也越高，即边界人员关系导向强化边界人员间关系对边界人员基于个人对机会主义行为容忍的影响。

H_{8b}：渠道边界人员关系导向越高，边界人员间关系对边界人员基于工作对机会主义行为容忍的影响也越高，即边界人员关系导向强化边界人员间关系对边界人员基于工作对机会主义行为容忍的影响。

H_{8c}：渠道边界人员关系导向越高，边界人员间信任对边界人员基于个人对机会主义行为容忍的影响越大，即边界人员关系导向强化边界人员间信任对边界人员基于个人对机会主义行为容忍的影响。

H_{8d}：渠道边界人员关系导向越高，边界人员间信任对边界人员基于工作对机会主义行为容忍的影响越大，即边界人员关系导向强化边界人员间信任对边界人员基于工作对机会主义行为容忍的影响。

3.3　理论模型与研究假设汇总

本书从渠道边界人员间关系性质和强度出发，研究渠道成员人际关系对边界人员之间信任，以及两者对边界人员对机会主义行为容忍的影响，考察边界人员对机会主义行为容忍对不同类型机会主义行为的影响，从而最终对渠道成员之间绩效的影响。理论模型如图 3-1 所示①。

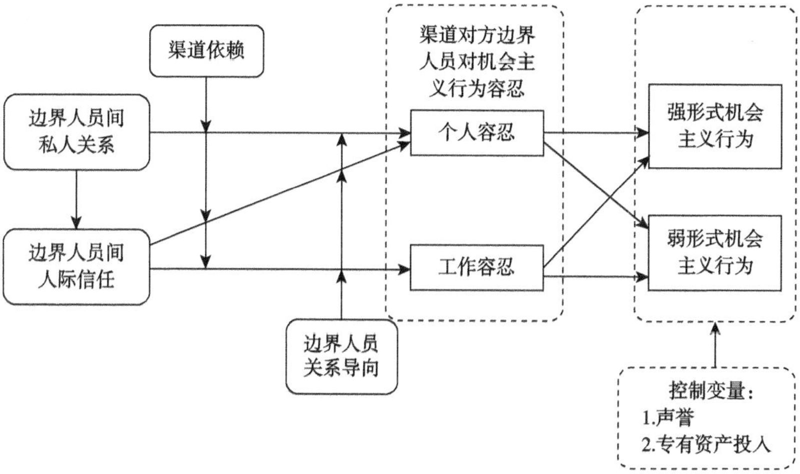

图 3-1　理论模型

本书共提出 19 个假设，研究假设汇总如表 3-1 所示。

表 3-1　研究假设汇总

变量关系	研究假设
边界人员间关系对边界人员对机会主义行为容忍影响	
边界人员间关系对边界人员之间基于个人对机会主义行为的容忍具有正向影响	H_{1a}
边界人员间关系对边界人员之间基于工作对机会主义行为的容忍具有正向影响	H_{1b}
边界人员间关系对边界人员个人间信任的影响	
边界人员间关系对边界人员间人际信任具有正向影响	H_2
边界人员个人间信任对边界人员对机会主义行为容忍影响	
边界人员间人际信任对边界人员之间基于个人对机会主义行为的容忍具有负向影响	H_{3a}
边界人员间人际信任对边界人员之间基于工作对机会主义行为的容忍具有负向影响	H_{3b}

① 为表达简洁，本模型中的“边界人员间私人关系”和“边界人员间人际信任”在本书中被简化为“边界人员间关系”和“边界人员间信任”，“渠道对方边界人员对机会主义行为容忍”在本书中被简化为“边界人员对机会主义行为容忍”；理论模型中的“人个容忍”和“工作容忍”指渠道对边界人员基于工作对机会主义行为的容忍，“渠道依赖”指“渠道成员被依赖的程度”，“边界人员间私人关系”表示“边界人员间私人关系强度”。

续表

变量关系	研究假设
边界人员间信任的中介作用	
边界人员间关系通过边界人员间信任影响其基于个人对机会主义行为的容忍	H_{4a}
边界人员间关系通过边界人员间信任影响其基于工作对机会主义行为的容忍	H_{4b}
边界人员对机会主义行为容忍对渠道机会主义行为的影响	
边界人员基于个人对机会主义行为的容忍度对对方渠道成员强形式机会主义行为具有正向影响	H_{5a}
边界人员基于个人对机会主义行为的容忍度对对方渠道成员弱形式机会主义行为具有正向影响	H_{5b}
边界人员基于工作对机会主义行为的容忍度对对方渠道成员强形式机会主义行为具有正向影响	H_{6a}
边界人员基于工作对机会主义行为的容忍度对对方渠道成员弱形式机会主义行为具有正向影响	H_{6b}
渠道依赖的调节作用	
渠道依赖弱化边界人员间关系对边界人员基于个人对机会主义行为容忍的影响	H_{7a}
渠道依赖弱化边界人员间关系对边界人员基于工作对机会主义行为容忍的影响	H_{7b}
渠道依赖弱化边界人员间信任对边界人员基于个人对机会主义行为容忍的影响	H_{7c}
渠道依赖弱化边界人员间信任对边界人员基于工作对机会主义行为容忍的影响	H_{7d}
边界人员关系导向的调节作用	
边界人员关系导向强化边界人员间关系对边界人员基于个人对机会主义行为容忍的影响	H_{8a}
边界人员关系导向强化边界人员间关系对边界人员基于工作对机会主义行为容忍的影响	H_{8b}
边界人员关系导向强化边界人员间信任对边界人员基于个人对机会主义行为容忍的影响	H_{8c}
边界人员关系导向强化边界人员间信任对边界人员基于工作对机会主义行为容忍的影响	H_{8d}

3.4 本章小结

根据研究需要，本章简要介绍了交易费用理论、容忍区理论、心理契约理论、角色理论和社会网络理论的内涵，以及与本书的关系，并在前人研究的基础上，通过逻辑推演，提出“边界人员间关系—边界人员间信任—对机会主义行为容忍—机会主义行为”的研究框架，并提出了相应的研究假设。

第4章　问卷调查研究设计与方法

为了保证研究严谨地实施，本书遵循科学研究程序，通过总结文献研究的成果，设计出合理的问卷，选择合适的测量题项，通过收集适量样本的数据对问卷进行前测，保证问卷设计的信度和效度，并采用修正的问卷进行大样本数据调查，开展正式研究。

4.1　问卷设计

基于本研究的目的是研究渠道边界人员间关系对机会主义行为的容忍，进而对渠道间绩效的影响，本书采取了比较有效的研究方式——问卷调查法。为了保证研究科学而有效，首先需要保证调研工具（问卷）的科学性。

4.1.1　问卷设计的原则

首先，问卷作为研究中信息收集的工具，需要保证收集信息的完整性，根据研究的需要，设计的题项需要反映研究的主题及相应构念。其次，问卷题项的设计尽量避免涉及受访者敏感或隐私的问题，避免引起受访者的反感，从而提高数据收集的效率和有效性。当然，在数据收集过程中，也需要保证受访对象的隐私权，所以在问卷中采取匿名的方式，向受访者保证了收集的数据只用于科学研究，不能外泄或用于商业目的。最后，问卷的题项数量也应该适度，如果问卷容量太大，容易引起受访者的厌倦，导致收集信息的可靠性降低。

4.1.2　问卷设计的过程

第一，本书涉及一些成熟的构念，如渠道边界人员间关系、边界人员人际信任、机会主义行为、渠道依赖等，这些构念有比较成熟的测量量表。但是，这些量表与本书的内涵有一定程度上的差异，根据需要，本书对这些量表进行适当修订。

第二，本书涉及的边界人员对机会主义行为容忍这样的核心变量，特别是将边界人员对机会主义行为容忍分为基于个人对机会主义行为的容忍和基于工作对机会主义行为的容忍，现有文献的研究只有相近的论述和量表，这就需要对这些变量的量表进行部分开发和修订。本书在与实践工作人员和专业研究人员进行小组访谈的基础上，结合现有的相关研究，初步提炼出相应题项。

第三，组织相关渠道研究人员对初步形成的量表进行校正，修正问卷题项，增加遗漏的题项，去除无关题项，对题项进行文字梳理。同时，通过与渠道管理实务人员沟通，征求其对修订问卷的意见和建议，结合收集到的专家和实务人员的建议，进一步完善预调研问卷。

第四，采用前测问卷进行前测。在家具等行业中发放 100 份问卷，回收 72 份问卷，其中有效问卷 65 份。对回收的有效问卷，使用 SPSS 17.0 对数据进行处理，检测问卷的信度和效度等指标。通过问卷数据检测，淘汰不符合问卷要求的题项，根据问卷前测过程中反馈的意见和建议进一步修正保留题项的语句，从而形成正式的调研问卷。

4.2 变量的测量

本书的研究问卷除对一些基本信息的调查题项外，其余变量采取 7 级李克特量表测量，请受访对象在 1~7 中选择答案。“1” 表示 “完全不同意”，“2” 表示 “基本不同意”，“3” 表示 “有点不同意”，“4” 表示 “不确定”，“5” 表示 “有点同意”，“6” 表示 “基本同意”，“7” 表示 “完全同意”。

4.2.1 边界人员间关系初始测项的形成

人际关系是非常重要又特别的概念。人际关系渗透到华人的日常生活、经济社会生活的各个环节和角落中，而且经常起到重要的作用。根据费孝通（1948）的“差序结构”理论，中国人的关系是分层次的（即关系性质），关系层次不同，关系强度也不同。综合考虑黄光国（1988）、Lee 和 Dawes（2005）、庄贵军等（2008b）、董维维和庄贵军（2013）、刘艳菊（2011）、刘婷和刘益（2012）等的研究，拟定从朋友认知、帮忙意愿、私人交往和联系意愿四个角度测量营销渠道边界人员间关系的量表（表 4-1）。

表 4-1　边界人员间关系的初始测量量表

A1. 我们与厂商直接管理人员相互间认为对方是自己的朋友
A2. 在非工作问题上，我们与厂商直接管理人员相互间也愿意帮忙
A3. 我们与厂商直接管理人员经常一起谈论一些私人问题
A4. 即使工作关系结束，我们与厂商直接管理人员也会保持经常联系

资料来源：王晓玉（2006）、Armstrong 和 Siew（2001）、Lee 和 Dawes（2005）、刘婷和刘益（2012）、庄贵军等（2008b）、董维维和庄贵军（2013）、Fan 等（2012）、刘艳菊（2011）等

4.2.2　边界人员间信任初始测项的形成

信任作为社会商业关系的基础和条件，用于说明人与人之间愿意将自己的工作委托对方完成，自己愿意承担因这种委托而产生的相应风险。借鉴王晓玉（2006）、Armstrong 和 Siew（2001）、Lee 和 Dawes（2005）等的研究，营销渠道边界人员间信任可以通过信赖、关心利益、履行承诺等角度予以测量。本研究采用 4 个题项来测量营销渠道边界人员间信任程度（表 4-2）。

表 4-2　边界人员间信任的初始测量量表

CP1. 厂商直接管理人员只关心他自己的利益
CP2. 我不信任厂商直接管理人员
CP3. 厂商直接管理人员总是能履行他所做的承诺
CP4. 厂商直接管理人员是值得信赖的

资料来源：王晓玉（2006）、Armstrong 和 Siew（2001）、Lee 和 Dawes（2005）等

4.2.3　边界人员对机会主义行为的容忍初始测项的形成

由于组织利益或个人关系利益，营销渠道边界人员对渠道成员间机会主义行为具有程度不同的容忍度。基于角色理论，营销渠道边界人员具有双重角色，即作为承担组织任务的商人角色和作为边界人员个人之间关系的个人角色。本书借鉴现有渠道间机会主义行为（Rokkan et al.，2003；Wuyts and Geyskens，2005；薛佳奇等，2011）研究，通过实地访谈和向相关领域专家请教，提炼出边界人员对机会主义行为容忍的内涵，并从对信息真实性、承诺完成程度、协议遵守程度、隐瞒事实、逃避责任五个角度的容忍测试对机会主义行为的容忍。

（1）边界人员基于个人对机会主义行为的容忍（表 4-3）。

表 4-3 边界人员基于个人对机会主义行为容忍的初始测量量表

TP1. 为保护我们自己的利益，我们偶尔给厂商一些不真实的信息，鉴于个人关系，厂商管理人员也经常能接受
TP2. 有时我们对厂商在某些事上做了承诺，但后来却没有真的去做，鉴于个人关系，厂商管理人员也经常不计较
TP3. 有时为了保护我们自己的利益而不遵守与厂商达成的协议，鉴于个人关系，厂商管理人员也经常不予追究
TP4. 有时我们不得不隐瞒一些事实，以便从厂商那里得到我们想要的，鉴于个人关系，厂商管理人员也经常容忍
TP5. 有时为了获取更多的利润，我们在所控范围内做任何可以做的事情，鉴于个人关系，厂商管理人员也经常不计较

资料来源：Rokkan 等（2003）、Wuyts 和 Geyskens（2005）、严兴全等（2011）、薛佳奇等（2011）、Seggie 等（2013）

（2）边界人员基于工作对机会主义行为的容忍（表 4-4）。

表 4-4 边界人员基于工作对机会主义行为容忍的初始测量量表

TW1. 基于工作关系，厂商管理人员会容忍我们偶尔给厂商提供一些不真实信息的行为
TW2. 基于工作关系，厂商管理人员经常会容忍我们没有兑现承诺的行为
TW3. 基于工作关系，厂商管理人员会容忍我们偶尔不遵守与厂商达成的协议的行为
TW4. 基于工作关系，厂商管理人员会容忍我们偶尔隐瞒一些事实的行为
TW5. 有时，基于工作关系，厂商管理人员会容忍我们为利润而在所控制范围内做任何可以做的事

资料来源：Rokkan 等（2003）、Wuyts 和 Geyskens（2005）、严兴全等（2011）、薛佳奇等（2011）、Seggie 等（2013）

4.2.4 渠道成员机会主义行为初始测项的形成

渠道成员之间的机会主义按其违背是否有书面约定（合同）分为强形式机会主义行为和弱形式机会主义行为（Luo，2006）。

1）强形式机会主义行为测项的形成

强形式机会主义行为公开违反合同条款。借鉴刘婷和刘益（2012）等的研究，可以从信息共享、获取资源、合同投资等方面进行测定（表 4-5）。

表 4-5 强形式机会主义行为的初始测量量表

SO1. 有时，为了保护我们的利益，我们并不完全共享合同规定的关键信息
SO2. 我们会尽力获取厂商的关键资源
SO3. 有时，我们没有按照合同要求在销售管理和人力等方面进行投资
SO4. 有时，为了获取利益，我们会违反部分合同规定

资料来源：刘婷和刘益（2012）等

2）弱形式机会主义行为测项的形成

弱形式机会主义行为是违反合同条款以外规范的损人利己行为。本书借鉴刘婷和刘益（2012）等的研究，从合作、承诺、利益、环境适应性调整等方面进行测定（表 4-6）。

表 4-6　弱形式机会主义行为初始测量量表

WO1. 在当前关系中，我们有时没有尽力合作
WO2. 有时，我们对厂商在某些事上做了承诺，但后来却没有真的去做
WO3. 有时，我们会在交易关系中更多考虑我们的利益
WO4. 有时，我们不会做出调整来适应厂商的特殊要求

资料来源：刘婷和刘益（2012）等

4.2.5　渠道依赖初始测项的形成

由于渠道成员之间依赖程度不同，所以渠道成员对其他个人和组织的机会主义行为容忍程度不同。综合 Kumar 等（1998）、张剑渝（2005）、张闯和杜楠（2012）等的研究，本书采用搜寻成本、产品替代、退出壁垒、利润创造、关系依赖 5 个测项测量渠道成员之间的依赖程度（表 4-7）。

表 4-7　渠道依赖的初始测量量表

D1. 如果终止与该供应商的关系，我们将要花费很大的精力寻找新的供应商
D2. 我们可以找到其他公司提供与现厂商相同的产品
D3. 如果我们找其他公司代替现厂商，会给我们带来损失
D4. 我们很难找到别的公司，像现厂商一样带给我们这么多销售额和利润
D5. 总之，在该地区，与现厂商的关系对我公司实现目标来讲非常重要

资料来源：Kumar 等（1998）、张剑渝（2005）、张闯和杜楠（2012）等

4.2.6　边界人员关系导向初始测项的形成

由于营销渠道边界人员个人背景、性格等因素的差异，所以边界人员对待个人关系和工作的态度也有所差异。有的人员认为个人间关系和谐更重要，而有的边界人员更重视工作，认为工作比关系更重要，甚至会为了工作而“六亲不认”。根据庄贵军等（2008a）、李永锋（2014）等的研究，本书采用帮忙、汇报、友情、冲突、面子、怀疑和义气 7 个测项测量渠道边界人员的关系导向（表 4-8）。

表 4-8 边界人员关系导向的初始测量量表

GO1. 生意场上亲友要在关键的时刻帮忙
GO2. 帮助亲友不应追求回报
GO3. 从长远来看，友情比利润重要
GO4. 商业往来中要尽量避免冲突
GO5. 商业往来中要给朋友面子
GO6. 当与朋友做生意时，不要怀疑他们
GO7. “朋友义气”是增进有利商业关系的一种重要方式

资料来源：庄贵军等（2008a）、李永锋（2014）等

4.2.7 控制变量初始测项的形成

为了更加准确地研究营销渠道边界人员之间关系对机会主义行为容忍、机会主义行为的关系，本书将渠道成员专有资产投入和企业声誉作为控制变量。

1）专有资产投入初始测项的形成

专有资产作为渠道成员为完成渠道职能而对渠道的专门投入，很难在离开现有渠道关系时寻找到相应盈利机会或收回投资（Williamson，1975），因此，渠道成员的专有资产投资会影响其决策。综合 Anderson 和 Weitz（1992）、庄贵军和刘宇（2010）、薛佳奇等（2011）、刘婷和刘益（2012）、张闯和杜楠（2012）等的研究，本书采用投资回收、资源再配置、资本投入等测项测量专有资产投入（表 4-9）。

表 4-9 专有资产投入的初始测量量表

S1. 如果我们与另一个合作伙伴合作，就无法收回对现有合作厂商的投资
S2. 如果停止与厂商的合作，我们将很难重新配置目前服务于该交易伙伴的人员和设备
S3. 我们投入了可观的人力、物力和财力维系与厂商的合作关系
S4. 我们对厂商投入专有资产是心甘情愿的，并没有受对方的逼迫

资料来源：Anderson 和 Weitz（1992）、庄贵军和刘宇（2010）、刘婷和刘益（2012）、薛佳奇等（2011）等

2）企业声誉初始测项的形成

企业声誉作为社会对企业的一种综合评价，是企业的一项无形资产。综合 Lafferty 和 Goldsmith（1999）、Fombrun 和 van Riel（2004）、徐金发和刘靓（2004a）、符加林（2007）等的研究，本书采用同行认同、公司知名度、经营能力、发展前景 4 项作为企业声誉的测量题项（表 4-10）。

表 4-10　企业声誉的初始测量量表

FR1. 我们公司能得到多数同行的尊重与认可
FR2. 我们公司有较高的知名度
FR3. 我们公司的经营能力很强
FR4. 我们公司在未来有光明的发展前景

资料来源：Lafferty 和 Goldsmith（1999）、Fombrun 和 van Riel（2004）、徐金发和刘靓（2004）、符加林（2007）等

4.3　数 据 收 集

4.3.1　调研对象

本书的研究对象主要集中在家具等行业，选择这些行业主要基于以下原因。

（1）研究对象的代表性。本书选择的家具等行业中，渠道成员相互之间的关系介入程度都是比较深入的。在这些行业中，渠道边界人员之间关系既有拟似家人之间关系，也有多年的朋友关系，也存在普通的生意关系。这些行业广泛存在的不同层面的关系，使渠道关系呈现性质多样性和强度差异性。

（2）研究对象内部一致性。本书调研对象内部存在关系强度广泛的连续性，保证内部不同关系强度之间的可比性，避免不同行业之间存在的较大差异性而影响研究内部一致性，从而使本书中的构念之间的关系更清晰。

（3）研究对象典型性。随着电子商务迅速发展，消费者网络购买所占比重不断提高，电子商务使营销渠道长度缩短，同时使渠道成员之间的关系距离拉长，渠道成员的边界人员之间关系紧密程度（或强度）有所降低。本书选择的家具和医药等行业，在中国文化的商业环境中，还是主要依靠传统的营销渠道来经销，所以更能体现边界人员间关系性质和强度对机会主义行为的影响状况。

4.3.2　预调研数据收集

本书的预调研数据收集从贵州省的家具等行业的经销商中展开，发放 100 份预调研问卷，回收 72 份，其中有效问卷 65 份。

4.3.3　正式调研数据收集

1）调研工具

通过预调研回收问卷进行信度和效度等分析后，删除不适合的问卷测项。根

据预调研中反馈的意见和建议，修正部分测项的语句。

问卷主要分为三部分，第一部分为调研目的说明，承诺本次调查只为科研目的，同时说明完成问卷的要求。第二部分为量表测量部分，研究中的构念采用 7 级李克特量表测量，其中“1”表示“完全不同意”，“2”表示“基本不同意”，“3”表示“有点不同意”，“4”表示“不能确定”，“5”表示“有点同意”，“6”表示“基本同意”，“7”表示“完全同意”。为了降低受访对象的抵触情绪，将受访对象的基本信息（如人口学特征、渠道关系长度、边界人员间关系等）放到第三部分。

2）样本选择

为了提高代表性，本书的问卷调查对象主要集中在家具等行业。在将来的一段时间内，这些行业的销售渠道还是主要依靠传统的经销商，而且这些行业中边界人员介入程度比较高，对本书具有较强的代表性。我们选择的经销商主要位于全国各大中城市，这些经销商经销的产品的生产商所在地在贵州、四川、北京等地，也具有较强代表性。

另外，本书所调查行业的经销商一般属于中小企业，甚至主要就是一些只有几个员工的微型企业。这些经销商一般都是老板直接和生产商联系。也就是说，在这些经销商中，和生产商直接打交道的主要就是老板。边界人员之间的关系在这里反映的主要就是这些经销商老板和生产商的直接管理人员之间的关系。这样选择的目的是从经销商的角度控制经销商内部的委托代理关系，从而使边界人员之间的关系及边界人员对渠道机会主义行为的研究主题更集中，集中于生产商的边界人员基于个人对经销商机会主义行为容忍的问题上。

3）问卷的发放和回收

本书的调研方式主要有四种：第一种方式是实地调查。在贵州、四川、北京、河北等地，调查人员将问卷送到受访对象手中，请受访对象当场填写并收回。第二种调查方式是邮寄信件调查。首先通过电话、微信或 QQ 等方式和受访对象联系，得到受访对象同意后将调查问卷邮寄给受访对象，再与其联系，请其填写并寄回。第三种调查方式是电子邮件调查。在与受访对象取得联系并征得其同意后，将调查问卷通过电子邮件发给受访对象，请其填写完成后通过电子邮件发回。第四种调查方式是网络调查。在问卷调查网站上注册并将问卷制作成网页，有针对性地与受访对象联系，请其登录调查网页填写问卷并提交，研究人员直接登录网站下载调查完成的问卷。

通过以上四种调查方式，我们共回收 286 份调查问卷，通过筛选，选出有效问卷 223 份。

4.4 预调研问卷的分析

4.4.1 预调研问卷描述性分析

为了测试和完善调研问卷，我们发放了 100 份预调研问卷，回收 72 份问卷，其中有效问卷 65 份。表 4-11 和表 4-12 分别是本书调研问卷前测的受访对象个人信息和渠道成员信息。

表 4-11 问卷前测受访对象个人信息

个人信息	分类	频数/人	百分比/%	累积百分比/%
性别	男性	45	69.2	69.2
	女性	20	30.8	100.0
年龄	24 及岁以下	2	3.1	3.1
	25~35 岁	17	26.2	29.2
	35~46 岁	26	40.0	69.2
	46 岁及以上	20	30.8	100.0
学历	硕士及以上	0	0.00	0.00
	本科	13	20.0	20.0
	大专	22	33.8	53.8
	中专、高中及以下	30	46.2	100.0
职位	总经理	40	61.5	61.5
	部门经理	14	21.5	83.0
	主管	7	10.8	93.8
	业务员	4	6.2	100.0
从事该工作的年限	1 年以内	5	7.7	7.7
	1~5 年	20	30.8	38.5
	5~10 年	12	18.5	56.9
	10 年以上	28	43.1	100.0

表 4-12 问卷前测渠道成员组织信息

企业特征	分类	频次/家	百分比/%	累积百分比/%
企业员工人数	100 人以下	39	60.0	60.0
	100~499 人	5	7.7	67.7
	500~999 人	3	4.6	72.3
	1 000 人以上	18	27.7	100.0

续表

企业特征	分类	频次/家	百分比/%	累积百分比/%
企业性质	国有企业	33	50.7	50.8
	民营企业	12	18.5	69.2
	合资企业	3	4.6	73.8
	外资企业	17	26.2	100.0
销售产品	食品、饮料喝烟草制品	0	0.00	0.00
	纺织、服装及日用品	1	1.6	1.5
	矿产品、建材、化工产品	3	4.6	6.2
	五金、家具及室内装修材料	48	73.8	80.0
	医药及医疗器械材料	12	18.5	98.50
	家用电器及电子产品	0	0	98.50
	汽车、摩托车、燃料及零配件	1	1.5	100.00
渠道持续时间	刚建立	3	4.6	4.6
	1~2 年	12	18.5	23.1
	2~5 年	9	13.8	36.9
	5 年及以上	41	63.1	100.0

从表 4-11 可以看出，受访对象中男性为 45 人，占 69.2%，明显多于女性。从年龄结构来看，35 岁以上者为 46 人，占 70.8%，由此可见中年以上者所占比重是大多数。从受教育程度看，大专以下学历是主体，为 52 人，占 80%（特别是中专、高中及以下程度者占 46.2%）。从受访对象的职位看，经销商的总经理和部门经理为 54 人，占 83.0%，是受访对象的主体。从从事该工作的年限来看，受访对象中占最大比重的部分是 10 年以上的，为 28 人，占 43.1%；其次是从事该工作 1~5 年的人群，20 人，占 30.8%。

表 4-12 是本书问卷前测的渠道成员信息，受访的渠道成员主要以小经销商（企业员工人数 100 人以下）为主，共 39 家，占 60.0%。从企业的性质来看，国有企业为主，为 33 家，占 50.8%。从经商产品所在行业来看，五金、家具及室内装修材料行业 48 家，占 73.8%，是受访的主体行业。这些行业对经销商的依赖程度较大，而且受电子商务渠道的影响较小。从渠道持续时间的角度来看，几个时间段中最多的是 5 年以上的，有 41 家，占 63.1%。

4.4.2 预调研数据分析

1. 决断值——临界比

临界比值法（critical ration）又被称为极端值法。该方法通过将变量分值加总并将该总分排序，找出前 27%（高分组）的被试者及后 27%（低分组）的被试者，检验高分组和低分组每个题项平均数的差异显著性，从而根据该结果来决定保留或剔除相应题项。

1）边界人员间关系量表的独立样本 t 检验

边界人员间关系量表高低分组统计量如表 4-13 所示。

表 4-13　边界人员间关系量表高低分组统计量

题项	组别	N	均值	标准差	均值的标准误
A1	1	20	6.90	0.447	0.100
	2	19	4.42	1.539	0.353
A2	1	20	6.95	0.224	0.050
	2	19	4.53	1.349	0.309
A3	1	20	6.75	0.444	0.099
	2	19	2.63	1.535	0.352
A4	1	20	6.65	0.587	0.131
	2	19	4.00	2.055	0.471

注：1 代表高分组；2 代表低分组

表 4-14 是边界人员间关系量表的独立样本 t 检验结果。Levene 检验结果显示，边界人员间关系的四个测项 F 值检验的 P 值均小于 0.05 的显著水平，表示边界人员间关系量表的高、低分两组的方差不相等。“假设方差不相等”项 t 检验的 P 值均小于 0.05 的显著水平，表示各题项的临界比值达到显著。

表 4-14　边界人员间关系独立样本 t 检验

题项		方差相等的 Levene 检验		均值相等的 t 检验						
		F	Sig.	t	df	Sig.	均差	标准差	95% 置信区间 下限	95% 置信区间 上限
A1	假设方差相等	33.009	0.000	6.908	37	0.000	2.479	0.359	1.752	3.206
	假设方差不相等			6.756	20.877	0.000	2.479	0.367	1.716	3.242
A2	假设方差相等	29.944	0.000	7.929	37	0.000	2.424	0.306	1.804	3.043
	假设方差不相等			7.733	18.940	0.000	2.424	0.313	1.768	3.080
A3	假设方差相等	26.786	0.000	11.508	37	0.000	4.118	0.358	3.393	4.844
	假设方差不相等			11.255	20.853	0.000	4.118	0.366	3.357	4.880
A4	假设方差相等	21.554	0.000	5.538	37	0.000	2.650	0.479	1.680	3.620
	假设方差不相等			5.415	20.782	0.000	2.650	0.489	1.632	3.668

2）边界人员间信任量表的独立样本 t 检验

边界人员间信任量表高低分组统计量如表 4-15 所示。

表 4-15　边界人员间信任量表高低分组统计量

题项	组别	N	均值	标准差	均值的标准误
CP1	1	21	6.86	0.359	0.078
	2	20	2.75	1.552	0.347
CP2	1	21	6.90	0.301	1.066
	2	20	2.30	1.302	0.291
CP3	1	21	6.57	0.598	0.130
	2	20	2.80	1.105	0.247
CP4	1	21	6.71	0.463	0.101
	2	20	3.40	1.759	0.393

注：1 代表高分组；2 代表低分组

表 4-16 是边界人员间信任量表的独立样本 t 检验结果。Levene 检验结果显示，边界人员间信任的四个测项 F 值检验的 P 值均小于 0.05 的显著水平，表示边界人员间信任量表的高、低分两组的方差不相等。“假设方差不相等”项的 t 检验的 P 值均小于 0.05 的显著水平，表示边界人员间信任的四个题项的临界比值达到显著。

表 4-16　边界人员间信任独立样本 t 检验

题项		方差相等的 Levene 检验		均值相等的 t 检验						
				t	df	Sig.	均差	标准差	95% 置信区间	
		F	Sig.						下限	上限
CP1	假设方差相等	45.977	0.000	11.810	39	0.000	4.107	0.348	3.404	4.811
	假设方差不相等			11.547	20.930	0.000	4.107	0.356	3.367	4.847
CP2	假设方差相等	46.688	0.000	15.782	39	0.000	4.605	0.292	4.015	5.195
	假设方差不相等			15.431	20.930	0.000	4.605	0.298	3.984	5.225
CP3	假设方差相等	8.074	0.007	13.685	39	0.000	3.771	0.276	3.214	4.329
	假设方差不相等			13.499	28.927	0.000	3.771	0.279	3.200	4.343
CP4	假设方差相等	42.105	0.000	8.340	39	0.000	3.314	0.397	2.511	4.118
	假设方差不相等			8.161	21.500	0.000	3.314	0.406	2.471	4.158

3）基于个人对机会主义容忍量表的独立样本 t 检验

边界人员基于个人对机会主义行为容忍量表高低分组统计量如表 4-17 所示。

表 4-17　边界人员基于个人对机会主义行为容忍量表高低分组统计量

题项	组别	N	均值	标准差	均值的标准误
TP1	1	19	4.68	1.455	0.334
	2	18	1.00	0.000	0.000
TP2	1	19	4.37	1.212	0.278
	2	18	1.44	0.511	0.121
TP3	1	19	3.21	1.134	0.260
	2	18	1.11	0.323	0.076
TP4	1	19	4.05	1.129	0.259
	2	18	1.00	0.000	0.000
TP5	1	19	3.84	1.119	0.257
	2	18	1.22	0.428	0.101

注：1 代表高分组；2 代表低分组

表 4-18 是边界人员基于个人对机会主义行为容忍量表的独立样本 t 检验结果。Levene 检验结果显示，边界人员基于个人对机会主义行为容忍的五个测项 F 值检验的 P 值均小于 0.05 的显著水平，表示边界人员基于个人对机会主义行为容忍量表的高、低分两组的方差不相等。“假设方差不相等”项 t 检验的 P 值均小于 0.05 的显著水平，表示边界人员基于个人对机会主义行为容忍的五个题项的临界比值达到显著。

表 4-18　边界人员基于个人对机会主义行为容忍独立样本 t 检验

题项		方差相等的 Levene 检验		均值相等的 t 检验						
		F	Sig.	t	df	Sig.	均差	标准差	95% 置信区间 下限	95% 置信区间 上限
TP1	假设方差相等	37.518	0.000	10.735	35	0.000	3.684	0.343	2.987	4.381
	假设方差不相等			11.037	18.000	0.000	3.684	0.334	2.983	4.385
TP2	假设方差相等	4.319	0.045	9.466	35	0.000	2.924	0.309	2.297	3.551
	假设方差不相等			9.652	24.488	0.000	2.924	0.303	2.299	3.549
TP3	假设方差相等	15.363	0.000	7.562	35	0.000	2.099	0.278	1.536	2.663
	假设方差不相等			7.743	21.057	0.000	2.099	0.271	1.536	2.663
TP4	假设方差相等	36.775	0.000	11.462	35	0.000	3.053	0.266	2.512	3.593
	假设方差不相等			11.785	18.000	0.000	3.053	0.259	2.508	3.597
TP5	假设方差相等	14.371	0.001	9.307	35	0.000	2.620	0.282	2.048	3.191
	假设方差不相等			9.501	23.396	0.000	2.620	0.276	2.050	3.190

4）基于工作对机会主义行为容忍量表的独立样本 t 检验

边界人员基于工作对机会主义行为容忍量表高低分组统计量如表 4-19 所示。

表 4-19　边界人员基于工作对机会主义行为容忍量表高低分组统计量

题项	组别	N	均值	标准差	均值的标准误
TW1	1	18	3.56	1.580	0.372
	2	23	1.09	0.288	0.060
TW2	1	18	3.61	1.092	0.257
	2	23	1.17	0.388	0.081
TW3	1	18	3.94	0.938	0.221
	2	23	1.17	0.388	0.081
TW4	1	18	3.78	1.263	0.298
	2	23	1.17	0.388	0.081
TW5	1	18	4.17	0.985	0.232
	2	23	1.22	0.422	0.088

注：1 代表高分组；2 代表低分组

表 4-20 为边界人员基于工作对机会主义行为容忍量表的独立样本 t 检验结果。Levene 检验结果显示，边界人员基于工作对机会主义行为容忍的五个测项 F 值检验的 P 值均小于 0.05 的显著水平，表示边界人员基于工作对机会主义行为容忍量表的高、低分两组的方差不相等。“假设方差不相等”项的 t 检验的 P 值均小于 0.05 的显著水平，表示边界人员基于工作对机会主义行为容忍的五个题项的临界比值达到显著。

表 4-20　边界人员基于工作对机会主义行为容忍独立样本 t 检验

题项		方差相等的 Levene 检验		均值相等的 t 检验						
				t	df	Sig.	均差	标准差	95% 置信区间	
		F	Sig.						下限	上限
TW1	假设方差相等	20.317	0.000	7.363	39	0.000	2.469	0.335	1.790	3.147
	假设方差不相等			6.544	17.887	0.000	2.469	0.377	1.676	3.262
TW2	假设方差相等	9.145	0.004	9.960	39	0.000	2.437	0.245	1.942	2.932
	假设方差不相等			9.033	20.363	0.000	2.437	0.270	1.875	2.999
TW3	假设方差相等	5.545	0.024	12.870	39	0.000	2.771	0.215	2.335	3.206
	假设方差不相等			11.774	21.552	0.000	2.771	0.235	2.282	3.259
TW4	假设方差相等	13.170	0.001	9.369	39	0.000	2.604	0.278	2.042	3.166
	假设方差不相等			8.442	19.516	0.000	2.604	0.308	1.959	3.248
TW5	假设方差相等	5.038	0.031	12.954	39	0.000	2.949	0.228	2.489	3.410
	假设方差不相等			11.878	21.878	0.000	2.949	0.248	2.434	3.464

5）强形式机会主义行为量表的独立样本 t 检验

强行式机会主义行为量表高低分组统计量如表 4-21 所示。

表 4-21　强形式机会主义行为量表高低分组统计量

题项	组别	N	均值	标准差	均值的标准误
SO1	1	22	5.68	1.041	0.222
	2	18	1.61	0.916	0.216
SO2	1	22	6.64	0.581	0.124
	2	18	1.83	0.707	0.167
SO3	1	22	5.68	0.839	0.179
	2	18	1.67	0.767	0.181
SO4	1	22	5.45	0.800	0.171
	2	18	1.17	0.383	0.090

注：1 代表高分组；2 代表低分组

表 4-22 是强形式机会主义行为量表的独立样本 t 检验结果。Levene 检验结果显示，强形式机会主义行为容忍的前三项，F 值检验的 P 值未达到 0.05 的显著水平，表示强形式机会主义行为量表的高、低分两组的方差相等。“假设方差相等”项的 t 检验的 P 值均小于 0.05 的显著水平，表示强形式机会主义行为的前三个题项的临界比值达到显著。第四个测项 F 值检验的 P 值小于 0.05 的显著水平，表示强形式机会主义行为量表的高、低分两组的方差不相等。“假设方差不相等”项的 t 检验的 P 值小于 0.05 的显著水平，表示强形式机会主义行为的第四个题项的临界比值达到显著。

表 4-22　强形式机会主义行为独立样本 t 检验

题项		方差相等的 Levene 检验		均值相等的 t 检验						
				t	df	Sig.	均差	标准差	95% 置信区间	
		F	Sig.						下限	上限
SO1	假设方差相等	0.223	0.640	12.971	38	0.000	4.071	0.314	3.435	4.706
	假设方差不相等			13.142	37.769	0.000	4.071	0.310	3.444	4.698
SO2	假设方差相等	0.290	0.594	23.593	38	0.000	4.803	0.204	4.391	5.215
	假设方差不相等			23.128	32.856	0.000	4.803	0.208	4.380	5.226
SO3	假设方差相等	0.007	0.934	15.647	38	0.000	4.015	0.257	3.496	4.535
	假设方差不相等			15.791	37.489	0.000	4.015	0.254	3.500	4.530
SO4	假设方差相等	13.484	0.001	20.821	38	0.000	4.288	0.206	3.871	4.705
	假设方差不相等			22.204	31.384	0.000	4.288	0.193	3.894	4.682

6）弱形式机会主义行为量表的独立样本 t 检验

弱形式机会主义行为量表高低分组统计量如表 4-23 所示。

表 4-23　弱形式机会主义行为量表高低分组统计量

题项	组别	N	均值	标准差	均值的标准误
SO1	1	21	5.29	0.717	0.156
	2	20	1.65	0.671	0.150
SO2	1	21	5.00	1.000	0.218
	2	20	1.80	1.105	0.247
SO3	1	21	5.52	0.814	0.178
	2	20	2.25	0.967	0.216
SO4	1	21	5.05	1.161	0.253
	2	20	2.05	0.887	0.198

注：1 代表高分组；2 代表低分组

表 4-24 是弱形式机会主义行为量表的独立样本 t 检验结果。Levene 检验结果显示，弱形式机会主义行为的四个测项 F 检验的 P 值均未达到 0.05 的显著水平，表示弱形式机会主义行为量表的高、低分两组的方差相等。“假设方差相等”中的 t 检验的 P 值均小于 0.05 的显著水平，表示弱形式机会主义行为的四个题项的临界比值达到显著。

表 4-24　弱形式机会主义行为独立样本 t 检验

题项		方差相等的 Levene 检验		均值相等的 t 检验						
		F	Sig.	t	df	Sig.	均差	标准差	95% 置信区间 下限	95% 置信区间 上限
SO1	假设方差相等	0.014	0.905	16.744	39	0.000	3.636	0.217	3.197	4.075
	假设方差不相等			16.772	38.989	0.000	3.636	0.217	3.197	4.074
SO2	假设方差相等	1.824	0.185	9.731	39	0.000	3.200	0.329	2.535	3.865
	假设方差不相等			9.707	38.150	0.000	3.200	0.330	2.533	3.867
SO3	假设方差相等	0.557	0.460	11.755	39	0.000	3.274	0.279	2.710	3.837
	假设方差不相等			11.705	37.201	0.000	3.274	0.280	2.707	3.840
SO4	假设方差相等	1.153	0.290	9.256	39	0.000	2.998	0.324	2.343	3.653
	假设方差不相等			9.317	37.288	0.000	2.998	0.322	2.346	3.649

7）渠道依赖量表的独立样本 t 检验

渠道依赖量表高低分组统计量如表 4-25 所示。

表 4-25　渠道依赖量表高低分组统计量

题项	组别	N	均值	标准差	均值的标准误
D1	1	19	6.68	0.582	0.134
	2	18	3.17	1.543	0.364
D2	1	19	6.84	0.688	0.158
	2	18	3.06	1.514	0.357
D3	1	19	6.95	0.229	0.053
	2	18	3.50	1.339	0.316
D4	1	19	6.63	0.684	0.157
	2	18	3.33	1.879	0.443
D5	1	19	6.84	0.501	0.115
	2	18	5.33	1.534	0.362

注：1 代表高分组；2 代表低分组

表 4-26 是渠道依赖量表的独立样本 t 检验结果。Levene 检验结果显示，渠道依赖的五个测项 F 值检验的 P 值均小于 0.05 的显著水平，表示渠道成员间依赖量表的高、低分两组的方差不相等。“假设方差不相等”的 t 检验的 P 值均小于 0.05 的显著水平，表示渠道成员间依赖的五个题项的临界比值达到显著。

表 4-26　渠道依赖独立样本 t 检验

题项		方差相等的 Levene 检验		均值相等的 t 检验						
		F	Sig.	t	df	Sig.	均差	标准差	95% 置信区间 下限	95% 置信区间 上限
D1	假设方差相等	18.244	0.000	9.268	35	0.000	3.518	0.380	2.747	4.288
	假设方差不相等			9.076	21.525	0.000	3.518	0.388	2.713	4.322
D2	假设方差相等	11.753	0.002	9.885	35	0.000	3.787	0.383	3.009	4.564
	假设方差不相等			9.706	23.462	0.000	3.787	0.390	2.980	4.593
D3	假设方差相等	36.622	0.000	11.057	35	0.000	3.447	0.312	2.814	4.080
	假设方差不相等			10.771	17.945	0.000	3.447	0.320	2.775	4.120
D4	假设方差相等	14.446	0.001	7.172	35	0.000	3.298	0.460	2.365	4.232
	假设方差不相等			7.021	21.222	0.000	3.298	0.470	2.322	4.275
D5	假设方差相等	12.572	0.001	4.067	35	0.000	1.509	0.371	0.756	2.262
	假设方差不相等			3.977	20.419	0.001	1.509	0.379	0.718	2.299

8）边界人员关系导向量表的独立样本 t 检验

边界人员关系导向量表高低分组统计量如表 4-27 所示。

表 4-27 边界人员关系导向量表高低分组统计量

题项	组别	N	均值	标准差	均值的标准误
GO1	1	19	6.68	0.478	0.110
	2	19	4.53	1.073	0.246
GO2	1	19	6.95	0.229	0.053
	2	19	4.21	0.976	0.224
GO3	1	19	6.89	0.459	0.105
	2	19	4.79	1.134	0.260
GO4	1	19	6.79	0.535	0.123
	2	19	5.32	0.885	0.203
GO5	1	19	6.42	0.769	0.176
	2	19	4.74	0.653	0.150
GO6	1	19	6.53	0.612	0.140
	2	19	4.21	1.228	0.282
GO7	1	19	5.95	0.848	0.195
	2	19	3.95	1.079	0.247

注：1 代表高分组；2 代表低分组

表 4-28 是边界人员关系导向量表的独立样本 t 检验结果。Levene 检验结果显示，边界人员关系导向的第一、第二、第三和第六个测项 F 值检验的 P 值均小于 0.05 的显著水平，表示边界人员关系导向量表的高、低分两组的方差不相等。“假设方差不相等”项的 t 检验的 P 值均小于 0.05 的显著水平，表示关系导向这四个题项的临界比值达到显著。边界人员关系导向第四、第五和第七个测项 F 值检验的 P 值均未达到 0.05 的显著水平，表示关系导向这三个量表的高、低分两组的方差相等。“假设方差相等”中的 t 检验的 P 值均小于 0.05 的显著水平，表示关系导向这三个题项的临界比值达到显著。

表 4-28 边界人员关系导向独立样本 t 检验

题项		方差相等的 Levene 检验		均值相等的 t 检验						
									95% 置信区间	
		F	Sig.	t	df	Sig.	均差	标准差	下限	上限
GO1	假设方差相等	8.993	0.005	8.007	36	0.000	2.158	0.270	1.611	2.704
	假设方差不相等			8.007	24.858	0.000	2.158	0.270	1.603	2.713

续表

题项		方差相等的 Levene 检验		均值相等的 t 检验						
		F	Sig.	t	df	Sig.	均差	标准差	95% 置信区间 下限	95% 置信区间 上限
GO2	假设方差相等	27.378	0.000	11.895	36	0.000	2.737	0.230	2.270	3.203
	假设方差不相等			11.895	19.982	0.000	2.737	0.230	2.257	3.217
GO3	假设方差相等	19.473	0.000	7.500	36	0.000	2.105	0.281	1.536	2.675
	假设方差不相等			7.500	23.737	0.000	2.105	0.281	1.526	2.685
GO4	假设方差相等	3.144	0.085	6.209	36	0.000	1.474	0.237	0.992	1.955
	假设方差不相等			6.209	29.612	0.000	1.474	0.237	0.989	1.959
GO5	假设方差相等	0.697	0.409	7.278	36	0.000	1.684	0.231	1.215	2.154
	假设方差不相等			7.278	35.091	0.000	1.684	0.231	1.214	2.154
GO6	假设方差相等	6.445	0.016	7.356	36	0.000	2.316	0.315	1.677	2.954
	假设方差不相等			7.356	26.413	0.000	2.316	0.315	1.669	2.962
GO7	假设方差相等	0.989	0.327	6.353	36	0.000	2.000	0.315	1.362	2.638
	假设方差不相等			6.353	34.100	0.000	2.000	0.315	1.360	2.640

2. 同质性检验一——相关性分析

1）渠道边界人员间关系各个题项与总分的相关性分析

从表 4-29 可以看到，渠道边界人员间关系各题项与各题项总分之间的相关系数都在 0.01 水平下大于 0.4。因此，从各题项与总分之间相关系数的角度看，渠道边界人员间关系各题项是合适的。

表 4-29　渠道边界人员间关系各题项与总分的相关性分析表

题项		A1	A2	A3	A4	个人关系–总分
A1	Pearson 相关性	1	0.811**	0.515**	0.444**	0.802**
	显著性（双侧）		0.000	0.000	0.000	0.000
A2	Pearson 相关性	0.811**	1	0.666**	0.548**	0.888**
	显著性（双侧）	0.000		0.000	0.000	0.000
A3	Pearson 相关性	0.515**	0.666**	1	0.528**	0.844**
	显著性（双侧）	0.000	0.000		0.000	0.000
A4	Pearson 相关性	0.444**	0.548**	0.528**	1	0.779**
	显著性（双侧）	0.000	0.000	0.000		0.000
个人关系–总分	Pearson 相关性	0.802**	0.888**	0.844**	0.779**	1
	显著性（双侧）	0.000	0.000	0.000	0.000	

**表示在 0.01 水平（双侧）上显著相关

2）渠道边界人员间信任各个题项与总分的相关性分析

从表 4-30 可以看到，渠道边界人员间信任各题项与各题项总分之间的相关系数都在 0.01 水平下大于 0.4。因此，从各题项与总分之间相关系数的角度看，各题项与总分之间相关性较高，渠道边界人员间信任各题项是合适的。

表 4-30　渠道边界人员间信任各题项与总分的相关性分析表

题项		CP1	CP2	CP3	CP4	人际信任-总分
CP1	Pearson 相关性	1	0.841**	0.804**	0.861**	0.940**
	显著性（双侧）		0.000	0.000	0.000	0.000
	N	65	65	65	65	65
CP2	Pearson 相关性	0.841**	1	0.795**	0.814**	0.931**
	显著性（双侧）	0.000		0.000	0.000	0.000
	N	65	65	65	65	65
CP3	Pearson 相关性	0.804**	0.795**	1	0.867**	0.923**
	显著性（双侧）	0.000	0.000		0.000	0.000
	N	65	65	65	65	65
CP4	Pearson 相关性	0.861**	0.814**	0.867**	1	0.943**
	显著性（双侧）	0.000	0.000	0.000		0.000
	N	65	65	65	65	65
人际信任-总分	Pearson 相关性	0.940**	0.931**	0.923**	0.943**	1
	显著性（双侧）	0.000	0.000	0.000	0.000	
	N	65	65	65	65	65

**表示在 0.01 水平（双侧）上显著相关

3）边界人员基于个人对机会主义行为容忍的各个题项与总分的相关性分析

从表 4-31 可以看到，渠道边界人员基于个人对机会主义行为容忍各题项与各题项总分之间的相关系数绝对值都在 0.01 水平下大于 0.4。因此，从各题项与总分之间相关系数的角度看，各题项与总分之间相关性较高，渠道边界人员基于个人对机会主义行为容忍各题项是合适的。

表 4-31　基于个人对机会主义行为的容忍各题项与总分的相关性分析表

题项		TP1	TP2	TP3	TP4	TP5	个人容忍-组别
TP1	Pearson 相关性	1	0.565**	0.338**	0.628**	0.454**	−0.876**
	显著性（双侧）		0.000	0.006	0.000	0.000	0.000
	N	65	65	65	65	65	37
TP2	Pearson 相关性	0.565**	1	0.384**	0.565**	0.519**	−0.848**
	显著性（双侧）	0.000		0.002	0.000	0.000	0.000
	N	65	65	65	65	65	37
TP3	Pearson 相关性	0.338**	0.384**	1	0.651**	0.727**	−0.788**
	显著性（双侧）	0.006	0.002		0.000	0.000	0.000
	N	65	65	65	65	65	37
TP4	Pearson 相关性	0.628**	0.565**	0.651**	1	0.784**	−0.889**
	显著性（双侧）	0.000	0.000	0.000		0.000	0.000
	N	65	65	65	65	65	37
TP5	Pearson 相关性	0.454**	0.519**	0.727**	0.784**	1	−0.844**
	显著性（双侧）	0.000	0.000	0.000	0.000		0.000
	N	65	65	65	65	65	37
个人容忍-组别	Pearson 相关性	−0.876**	−0.848**	−0.788**	−0.889**	−0.844**	1
	显著性（双侧）	0.000	0.000	0.000	0.000	0.000	
	N	37	37	37	37	37	37

**表示在 0.01 水平（双侧）上显著相关

4）边界人员基于工作对机会主义行为容忍的各个题项与总分的相关性分析

从表 4-32 可以看到，渠道边界人员基于工作对机会主义行为容忍各题项与各题项总分之间的相关系数都在 0.01 水平下大于 0.4。因此，从各题项及总分之间相关系数的角度看，各题项与总分之间相关性较高，渠道边界人员基于工作对机会主义行为容忍各题项是合适的。

表 4-32 边界人员基于工作对机会主义行为容忍各题项与总分的相关性分析表

题项		TW1	TW2	TW3	TW4	TW5	工作容忍-总分
TW1	Pearson 相关性	1	0.777**	0.478**	0.468**	0.531**	0.808**
	显著性（双侧）		0.000	0.000	0.000	0.000	0.000
	N	65	65	65	65	65	65
TW2	Pearson 相关性	0.777**	1	0.542**	0.482**	0.531**	0.824**
	显著性（双侧）	0.000		0.000	0.000	0.000	0.000
	N	65	65	65	65	65	65
TW3	Pearson 相关性	0.478**	0.542**	1	0.591**	0.507**	0.783**
	显著性（双侧）	0.000	0.000		0.000	0.000	0.000
	N	65	65	65	65	65	65
TW4	Pearson 相关性	0.468**	0.482**	0.591**	1	0.600**	0.786**
	显著性（双侧）	0.000	0.000	0.000		0.000	0.000
	N	65	65	65	65	65	65
TW5	Pearson 相关性	0.531**	0.531**	0.507**	0.600**	1	0.800**
	显著性（双侧）	0.000	0.000	0.000	0.000		0.000
	N	65	65	65	65	65	65
工作容忍-总分	Pearson 相关性	0.808**	0.824**	0.783**	0.786**	0.800**	1
	显著性（双侧）	0.000	0.000	0.000	0.000	0.000	
	N	65	65	65	65	65	65

**表示在 0.01 水平（双侧）上显著相关

5）强形式机会主义行为的各个题项与总分的相关性分析

从表 4-33 可以看到，强形式机会主义行为各题项与各题项总分之间的相关系数都在 0.01 水平下大于 0.4。因此，从各题项与总分之间相关系数的角度看，各题项与总分之间相关性较高，强形式机会主义行为各题项是合适的。

表 4-33 强形式机会主义行为各题项与总分的相关性分析表

题项		SO1	SO2	SO3	SO4	强机会主义-总分
SO1	Pearson 相关性	1	0.791**	0.762**	0.841**	0.906**
	显著性（双侧）		0.000	0.000	0.000	0.000
	N	65	65	65	65	65

续表

题项		SO1	SO2	SO3	SO4	强机会主义-总分
SO2	Pearson 相关性	0.791**	1	0.852**	0.862**	0.942**
	显著性（双侧）	0.000		0.000	0.000	0.000
	N	65	65	65	65	65
SO3	Pearson 相关性	0.762**	0.852**	1	0.870**	0.932**
	显著性（双侧）	0.000	0.000		0.000	0.000
	N	65	65	65	65	65
SO4	Pearson 相关性	0.841**	0.862**	0.870**	1	0.955**
	显著性（双侧）	0.000	0.000	0.000		0.000
	N	65	65	65	65	65
强机会主义-总分	Pearson 相关性	0.906**	0.942**	0.932**	0.955**	1
	显著性（双侧）	0.000	0.000	0.000	0.000	
	N	65	65	65	65	65

** 表示在 0.01 水平（双侧）上显著相关

6）弱形式机会主义行为的各个题项与总分的相关性分析

从表 4-34 可以看到，弱形式机会主义行为各题项与各题项总分之间的相关系数在 0.01 水平下大于 0.4。因此，从各题项与总分之间相关系数的角度看，各题项与总分之间相关性较高，弱形式机会主义行为各题项是合适的。

表 4-34 弱形式机会主义行为各题项与总分的相关性分析表

题项		WO1	WO2	WO3	WO4	弱机会主义-总分
WO1	Pearson 相关性	1	0.692**	0.624**	0.585**	0.869**
	显著性（双侧）		0.000	0.000	0.000	0.000
	N	65	65	65	65	65
WO2	Pearson 相关性	0.692**	1	0.609**	0.483**	0.833**
	显著性（双侧）	0.000		0.000	0.000	0.000
	N	65	65	65	65	65
WO3	Pearson 相关性	0.624**	0.609**	1	0.644**	0.853**
	显著性（双侧）	0.000	0.000		0.000	0.000
	N	65	65	65	65	65

续表

题项		WO1	WO2	WO3	WO4	弱机会主义-总分
WO4	Pearson 相关性	0.585**	0.483**	0.644**	1	0.802**
	显著性（双侧）	0.000	0.000	0.000		0.000
	N	65	65	65	65	65
弱机会主义-总分	Pearson 相关性	0.869**	0.833**	0.853**	0.802**	1
	显著性（双侧）	0.000	0.000	0.000	0.000	
	N	65	65	65	65	65

**表示在 0.01 水平（双侧）上显著相关

7）渠道依赖的各个题项与总分的相关性分析

从表 4-35 可以看到，渠道依赖各题项与各题项总分之间的相关系数在 0.01 水平下大于 0.4。因此，从各题项与总分之间相关系数的角度看，各题项与总分之间相关性较高，渠道依赖各题项是合适的。

表 4-35 渠道依赖各题项与总分的相关性分析表

题项		D1	D2	D3	D4	D5	渠道依赖-总分
D1	Pearson 相关性	1	0.521**	0.554**	0.579**	0.180	0.762**
	显著性（双侧）		0.000	0.000	0.000	0.151	0.000
	N	65	65	65	65	65	65
D2	Pearson 相关性	0.521**	1	0.554**	0.665**	0.311*	0.818**
	显著性（双侧）	0.000		0.000	0.000	0.012	0.000
	N	65	65	65	65	65	65
D3	Pearson 相关性	0.554**	0.554**	1	0.631**	0.366**	0.817**
	显著性（双侧）	0.000	0.000		0.000	0.003	0.000
	N	65	65	65	65	65	65
D4	Pearson 相关性	0.579**	0.665**	0.631**	1	0.405**	0.865**
	显著性（双侧）	0.000	0.000	0.000		0.001	0.000
	N	65	65	65	65	65	65
D5	Pearson 相关性	0.180	0.311*	0.366**	0.405**	1	0.542**
	显著性（双侧）	0.151	0.012	0.003	0.001		0.000
	N	65	65	65	65	65	65
渠道依赖-总分	Pearson 相关性	0.762**	0.818**	0.817**	0.865**	0.542**	1
	显著性（双侧）	0.000	0.000	0.000	0.000	0.000	
	N	65	65	65	65	65	65

*表示在 0.05 水平（双侧）上显著相关；**表示在 0.01 水平（双侧）上显著相关

8）边界人员关系导向的各个题项与总分的相关性分析

从表 4-36 可以看到，边界人员关系导向各题项与各题项总分之间的相关系数在 0.01 水平下大于 0.4。因此，从各题项与总分之间相关系数的角度看，各题项与总分之间相关性较高，边界人员关系导向各题项是合适的。

表 4-36　边界人员关系导向各题项与总分的相关性分析表

题项		GO1	GO2	GO3	GO4	GO5	GO6	GO7	关系导向-总分
GO1	Pearson 相关性	1	0.568**	0.440**	0.372**	0.339**	0.474**	0.383**	0.699**
	显著性（双侧）		0.000	0.000	0.002	0.006	0.000	0.002	0.000
	N	65	65	65	65	65	65	65	65
GO2	Pearson 相关性	0.568**	1	0.683**	0.512**	0.433**	0.510**	0.433**	0.802**
	显著性（双侧）	0.000		0.000	0.000	0.000	0.000	0.000	0.000
	N	65	65	65	65	65	65	65	65
GO3	Pearson 相关性	0.440**	0.683**	1	0.635**	0.479**	0.550**	0.383**	0.789**
	显著性（双侧）	0.000	0.000		0.000	0.000	0.000	0.002	0.000
	N	65	65	65	65	65	65	65	65
GO4	Pearson 相关性	0.372**	0.512**	0.635**	1	0.607**	0.596**	0.377**	0.751**
	显著性（双侧）	0.002	0.000	0.000		0.000	0.000	0.002	0.000
	N	65	65	65	65	65	65	65	65
GO5	Pearson 相关性	0.339**	0.433**	0.479**	0.607**	1	0.547**	0.404**	0.696**
	显著性（双侧）	0.006	0.000	0.000	0.000		0.000	0.001	0.000
	N	65	65	65	65	65	65	65	65
GO6	Pearson 相关性	0.474**	0.510**	0.550**	0.596**	0.547**	1	0.670**	0.827**
	显著性（双侧）	0.000	0.000	0.000	0.000	0.000		0.000	0.000
	N	65	65	65	65	65	65	65	65
GO7	Pearson 相关性	0.383**	0.433**	0.383**	0.377**	0.404**	0.670**	1	0.700**
	显著性（双侧）	0.002	0.000	0.002	0.002	0.001	0.000		0.000
	N	65	65	65	65	65	65	65	65
关系导向-总分	Pearson 相关性	0.699**	0.802**	0.789**	0.751**	0.696**	0.827**	0.700**	1
	显著性（双侧）	0.000	0.000	0.000	0.000	0.000	0.000	0.000	
	N	65	65	65	65	65	65	65	65

**表示在 0.01 水平（双侧）上显著相关

3. 同质性检验二——信度检验

1）渠道边界人员私人关系

由表 4-37 可知，渠道边界人员间关系量表四个题项的内部一致性 α 系数值为 0.831，表示渠道边界人员间关系量表四个题项的内部一致性良好。四个题项的校正总计相关性栏都达到 0.400 的要求，说明四个题项的内部一致性高。由于删除任何一个题项后 Cronbach's α 值均小于 0.831，因此可以保留所有题项。

表 4-37 渠道边界人员间关系量表信度检验

题号	项已删除的刻度均值	项已删除的刻度方差	校正的项总计相关性	项已删除的 Cronbach's α 值	可靠性统计量
A1	16.20	18.100	0.668	0.788	
A2	16.08	17.541	0.813	0.740	
A3	17.49	14.441	0.663	0.798	
A4	16.78	16.672	0.581	0.826	
分量表					0.831

2）渠道边界人员间信任

由表 4-38 可知，渠道边界人员间信任量表四个题项的内部一致性 α 系数值为 0.948，表示渠道边界人员间信任量表四个题项的内部一致性很好。四个题项的校正总计相关性栏都达到 0.400 的要求，说明四个题项的内部一致性高。由于删除任何一个题项后 Cronbach's α 值均小于 0.948，因此可以保留所有题项。

表 4-38 渠道边界人员间信任量表信度检验

题号	项已删除的刻度均值	项已删除的刻度方差	校正的项总计相关性	项已删除的 Cronbach's α 值	可靠性统计量
CP1	15.60	29.119	0.889	0.928	
CP2	15.48	27.535	0.864	0.940	
CP3	15.74	31.352	0.868	0.935	
CP4	15.31	31.279	0.903	0.926	
分量表					0.948

3）边界人员基于个人对机会主义行为容忍

由表 4-39 可知，渠道边界人员基于个人对机会主义行为容忍量表五个题项的内部一致性 α 系数值为 0.853，表示渠道边界人员基于个人对机会主义行为容忍量表题项的内部一致性很好。四个题项的校正总计相关性栏都达到 0.400 的要求，说明题项的内部一致性高。由于删除第一个题项 TP1 后 Cronbach's　α值 0.855>0.853，因此可以考虑删除该题项。

表 4-39　渠道边界人员基于个人对机会主义行为容忍量表信度检验

题号	项已删除的刻度均值	项已删除的刻度方差	校正的项总计相关性	项已删除的 Cronbach's　α值	可靠性统计量
TP1	9.18	21.872	0.603	0.855	
TP2	9.22	24.922	0.624	0.833	
TP3	9.95	27.607	0.611	0.839	
TP4	9.86	22.934	0.826	0.781	
TP5	9.85	24.538	0.747	0.804	
分量表					0.853

4）边界人员基于工作对机会主义行为容忍

由表 4-40 可知，渠道边界人员基于工作对机会主义行为容忍量表五个题项的内部一致性 α 系数值为 0.858，表示渠道边界人员基于工作对机会主义行为容忍量表五个题项的内部一致性很好。五个题项的校正总计相关性栏都达到 0.400 的要求，说明五个题项的内部一致性高。由于删除任何一个题项后 Cronbach's　α值均小于 0.858，因此可以保留所有题项。

表 4-40　渠道边界人员基于工作对机会主义行为容忍量表信度检验

题项	项已删除的刻度均值	项已删除的刻度方差	校正的项总计相关性	项已删除的 Cronbach's　α值	可靠性统计量
TW1	9.29	21.085	0.689	0.825	
TW2	9.08	21.478	0.723	0.818	
TW3	8.89	21.098	0.644	0.837	
TW4	9.05	21.576	0.658	0.833	
TW5	8.86	20.559	0.664	0.832	
分量表					0.858

5）强形式机会主义行为

由表 4-41 可知，强形式机会主义行为量表四个题项的内部一致性 α 系数值为 0.950，表示强形式机会主义行为量表四个题项的内部一致性很好。四个题项的校正总计相关性栏都达到 0.400 的要求，说明四个题项的内部一致性高。由于删除任何一个题项后 Cronbach's　α值均小于 0.950，因此可以保留所有题项。

表 4-41 强形式机会主义行为量表信度检验

题项	项已删除的刻度均值	项已删除的刻度方差	校正的项总计相关性	项已删除的 Cronbach's α值	可靠性统计量
SO1	12.25	31.001	0.837	0.947	
SO2	11.40	27.588	0.889	0.934	
SO3	12.14	29.996	0.880	0.935	
SO4	12.68	29.660	0.920	0.923	
分量表					0.950

6）弱形式机会主义行为

由表 4-42 可知，弱形式机会主义行为量表四个题项的内部一致性 α 系数值为 0.860，表示弱形式机会主义行为量表四个题项的内部一致性很好。四个题项的校正总计相关性栏都达到 0.400 的要求，说明四个题项的内部一致性高。由于删除任何一个题项后 Cronbach's α 值均小于 0.860，因此可以保留所有题项。

表 4-42 弱形式机会主义行为量表信度检验

题项	项已删除的刻度均值	项已删除的刻度方差	校正的项总计相关性	项已删除的 Cronbach's α值	可靠性统计量
WO1	11.37	17.987	0.749	0.804	
WO2	11.43	18.905	0.692	0.828	
WO3	10.68	19.035	0.734	0.811	
WO4	11.34	20.009	0.652	0.843	
分量表					0.860

7）渠道依赖

由表 4-43 可知，渠道依赖量表五个题项的内部一致性 α 系数值为 0.826，表示渠道依赖量表五个题项的内部一致性很好。五个题项的校正总计相关性栏都达到 0.400 的要求，说明五个题项的内部一致性高。删除第五个题项后 Cronbach's α 值 0.848>0.826，因此可以删除该题项，保留其余四个题项。

表 4-43 渠道依赖量表信度检验

题项	项已删除的刻度均值	项已删除的刻度方差	校正的项总计相关性	项已删除的 Cronbach's α值	可靠性统计量
D1	22.02	29.797	0.601	0.798	
D2	22.03	27.780	0.676	0.775	
D3	21.72	29.047	0.692	0.770	
D4	21.94	27.746	0.766	0.747	
D5	21.09	37.491	0.379	0.848	
分量表					0.826

8）边界人员关系导向

由表 4-44 可知，边界人员关系导向量表七个题项的内部一致性 α 系数数值为 0.869，表示边界人员关系导向量表七个题项的内部一致性很好。七个题项的校正总计相关性栏都达到 0.400 的要求，说明七个题项的内部一致性高。由于删除任何一个题项后 Cronbach's α 值均小于 0.869，因此可以保留所有题项。

表 4-44　边界人员关系导向量表信度检验

题项	项已删除的刻度均值	项已删除的刻度方差	校正的项总计相关性	项已删除的 Cronbach's α 值	可靠性统计量
GO1	34.17	29.237	0.564	0.862	
GO2	34.03	27.124	0.698	0.843	
GO3	33.72	28.735	0.699	0.843	
GO4	33.45	31.157	0.674	0.850	
GO5	33.97	31.343	0.600	0.857	
GO6	34.20	27.319	0.741	0.836	
GO7	34.71	29.835	0.578	0.859	
分量表					0.869

4. 同质性检验三——共同性与因子载荷量

1）渠道边界人员间关系

表 4-45 公因子方差一栏显示，渠道边界人员间关系的四个题项的共同性提取值均大于 0.20 的标准，表示各题项与共同因素密切相关。由解释的总方差表可知，共同因素可以解释量表变量的 69.272%。由成分矩阵表可知，四个题项的因素负荷量均大于 0.45 的标准，表明四个题项与共同因素间的关系密切。四个题项都适合作为渠道边界人员间关系的测量题项。

表 4-45　渠道边界人员间关系量表因子载荷和解释总方差分析结果

题项	因子载荷量	公因子方差	解释的总方差/%
A1	0.844	0.713	69.272
A2	0.922	0.849	
A3	0.813	0.661	
A4	0.740	0.547	

2）渠道边界人员间人际信任

表 4-46 的公因子方差一栏显示，渠道边界人员间人际信任的四个题项的共同

性提取值均大于 0.20 的标准，表示各题项与共同因素密切相关。由解释的总方差一栏可知，共同因素可以解释量表变量的 87.29%。由成分矩阵表可知，四个题项的因素负荷量均大于 0.45 的标准，表明四个题项与共同因素间的关系密切。四个题项都适合作为渠道边界人员间人际信任的测量题项。

表 4-46 渠道边界人员间人际信任量表因子载荷和解释总方差分析结果

题项	因子载荷量	公因子方差	解释的总方差/%
CP1	0.938	0.881	87.290
CP2	0.923	0.851	
CP3	0.928	0.860	
CP4	0.948	0.900	

3）渠道边界人员基于个人对机会主义行为的容忍

表 4-47 的公因子方差一栏显示，渠道边界人员基于个人对机会主义行为容忍的五个题项的共同性提取值均大于 0.20 的标准，表示各题项与共同因素密切相关。由解释的总方差一栏可知，共同因素可以解释量表变量的 65.399%。由成分矩阵表可知，五个题项的因素负荷量均大于 0.45 的标准，表明五个题项与共同因素间的关系密切。五个题项都适合作为渠道边界人员基于个人对机会主义行为容忍的测量题项。

表 4-47 边界人员基于个人对机会主义行为容忍量表因子载荷和解释总方差分析结果

题项	因子载荷量	公因子方差	解释的总方差/%
TP1	0.910	0.527	65.399
TP2	0.877	0.546	
TP3	0.775	0.601	
TP4	0.739	0.828	
TP5	0.726	0.768	

4）渠道边界人员基于工作对机会主义行为容忍

表 4-48 的公因子方差一栏显示，渠道边界人员基于工作对机会主义行为容忍的五个题项的共同性提取值均大于 0.20 的标准，表示各题项与共同因素密切相关。由解释的总方差一栏可知，共同因素可以解释量表变量的 64.101%。由成分矩阵表可知，五个题项的因素负荷量均大于 0.45 的标准，表明五个题项与共同因素间的关系密切。五个题项都适合作为渠道边界人员基于工作对机会主义行为容忍的测量题项。

表 4-48　边界人员基于工作对机会主义行为容忍量表因子载荷和解释总方差分析结果

题项	因子载荷量	公因子方差	解释的总方差/%
TW1	0.839	0.671	64.101
TW2	0.819	0.704	
TW3	0.789	0.600	
TW4	0.779	0.607	
TW5	0.774	0.623	

5）强形式机会主义行为

表 4-49 的公因子方差一栏显示，强形式机会主义行为的四个题项的共同性提取值均大于 0.20 的标准，表示各题项与共同因素密切相关。由解释的总方差一栏可知，共同因素可以解释量表变量的 87.256%。由成分矩阵表可知，四个题项的因素负荷量均大于 0.45 的标准，表明四个题项与共同因素间的关系密切。该四个题项都适合作为强形式机会主义行为的测量题项。

表 4-49　强形式机会主义行为量表因子载荷和解释总方差分析结果

题项	因子载荷量	公因子方差	解释的总方差/%
SO1	0.907	0.823	87.256
SO2	0.939	0.881	
SO3	0.933	0.870	
SO4	0.957	0.916	

6）弱形式机会主义行为

表 4-50 的公因子方差一栏显示，弱形式机会主义行为的四个题项的共同性提取值均大于 0.20 的标准，表示各题项与共同因素密切相关。由解释的总方差一栏可知，共同因素可以解释量表变量的 70.510%。由成分矩阵表可知，四个题项的因素负荷量均大于 0.45 的标准，表明四个题项与共同因素间的关系密切。该四个题项都适合作为弱形式机会主义行为的测量题项。

表 4-50　弱形式机会主义行为量表因子载荷和解释总方差分析结果

题项	因子载荷量	公因子方差	解释的总方差/%
WO1	0.867	0.752	70.510
WO2	0.859	0.688	
WO3	0.829	0.737	
WO4	0.802	0.643	

7）渠道依赖

表 4-51 的公因子方差一栏显示，渠道依赖的五个题项的共同性提取值均大于 0.20 的标准，表示各题项与共同因素密切相关。由解释的总方差一栏可知，共同因素可以解释量表变量的 59.226%。由成分矩阵表可知，五个题项的因素负荷量均大于 0.45 的标准，表明五个题项与共同因素间的关系密切。这五个题项都适合作为渠道依赖的测量题项。

表 4-51　渠道依赖量表因子载荷和解释总方差分析结果

题项	因子载荷量	公因子方差	解释的总方差/%
D1	0.756	0.571	59.226
D2	0.814	0.663	
D3	0.824	0.679	
D4	0.874	0.764	
D5	0.533	0.284	

8）边界人员关系导向

表 4-52 的公因子方差一栏显示，边界人员关系导向的七个题项的共同性提取值均大于 0.20 的标准，表示各题项与共同因素密切相关。由解释的总方差一栏可知，共同因素可以解释量表变量的 57.015%。由成分矩阵表可知，七个题项的因素负荷量均大于 0.45 的标准，表明七个题项与共同因素间的关系密切。这七个题项都适合作为边界人员关系导向的测量题项。

表 4-52　边界人员关系导向量表因子载荷和解释总方差分析结果

题项	因子载荷量	公因子方差	解释的总方差/%
GO1	0.665	0.442	57.015
GO2	0.788	0.621	
GO3	0.800	0.640	
GO4	0.785	0.616	
GO5	0.721	0.519	
GO6	0.828	0.686	
GO7	0.684	0.467	

5. 效度检验

1）渠道边界人员间关系

表 4-53 检验结果表明，Bartlett 球形检验的概率值远远小于 0.05，KMO

（Kaiser-Meyer-Olkin）值为 0.73 大于 0.5。因此，无论是从 KMO 值还是 Bartlett 球形检验均适合做因子分析。边界人员间关系的四个分量表的累积解释总方差为 69.272%。

表 4-53　边界人员间关系量表的 KMO 和 Bartlett 球形检验

取样足够度的 KMO 度量		0.730
Bartlett 球形检验	近似卡方	129.276
	df	6
	Sig.	0.000

2）渠道边界人员间人际信任

表 4-54 检验结果表明，Bartlett 球形检验的概率值远远小于 0.05，KMO 值为 0.850 大于 0.5。因此，无论是从 KMO 值还是 Bartlett 球形检验均适合做因子分析。边界人员间信任的四个分量表的累积解释总方差为 87.290%。

表 4-54　渠道边界人员间信任量表的 KMO 和 Bartlett 球形检验

取样足够度的 KMO 度量		0.850
Bartlett 球形检验	近似卡方	259.481
	df	6
	Sig.	0.000

3）边界人员基于个人对机会主义行为的容忍

表 4-55 检验结果表明，边界人员基于个人对机会主义行为容忍的 Bartlett 球形检验的概率值远远小于 0.05，KMO 值为 0.796 大于 0.5。因此，无论是从 KMO 值还是 Bartlett 球形检验均适合做因子分析。边界人员基于个人对机会主义行为容忍的五个分量表的累积解释总方差为 65.399%。

表 4-55　基于个人容忍量表的 KMO 和 Bartlett 球形检验

取样足够度的 KMO 度量		0.796
Bartlett 球形检验	近似卡方	171.716
	df	10
	Sig.	0.000

4）边界人员基于工作对机会主义行为的容忍

表 4-56 检验结果表明，边界人员基于工作对机会主义行为容忍的 Bartlett 球形

检验的概率值远远小于 0.05，KMO 值为 0.796 大于 0.5。因此，无论是从 KMO 值还是 Bartlett 球形检验均适合做因子分析。边界人员基于工作对机会主义行为容忍的五个分量表的累积解释总方差为 64.101%。

表 4-56 基于工作容忍量表的 KMO 和 Bartlett 球形检验

取样足够度的 KMO 度量		0.796
Bartlett 球形检验	近似卡方	147.987
	df	10
	Sig.	0.000

5）强形式机会主义行为

表 4-57 检验结果表明，强形式机会主义行为的 Bartlett 球形检验的概率值远远小于 0.05，KMO 值为 0.855 大于 0.5。因此，无论是从 KMO 值还是 Bartlett 球形检验均适合做因子分析。强形式机会主义行为的四个分量表的累积解释总方差为 87.256%。

表 4-57 强形式机会主义行为量表的 KMO 和 Bartlett 球形检验

取样足够度的 KMO 度量		0.855
Bartlett 球形检验	近似卡方	262.386
	df	6
	Sig.	0.000

6）弱形式机会主义行为

表 4-58 检验结果表明，弱形式机会主义行为的 Bartlett 球形检验的概率值远远小于 0.05，KMO 值为 0.785 大于 0.5。因此，无论是从 KMO 值还是 Bartlett 球形检验均适合做因子分析。弱形式机会主义行为的四个分量表的累积解释总方差为 70.510%。

表 4-58 弱形式机会主义行为量表的 KMO 和 Bartlett 球形检验

取样足够度的 KMO 度量		0.785
Bartlett 球形检验	近似卡方	116.391
	df	6
	Sig.	0.000

7）渠道依赖

表 4-59 检验结果表明，渠道依赖的 Bartlett 球形检验的概率值远远小于 0.05，

KMO 值为 0.82 大于 0.5。因此，无论是从 KMO 值还是 Bartlett 球形检验均适合做因子分析。渠道依赖的五个分量表的累积解释总方差为 59.226%。

表 4-59　渠道依赖量表的 KMO 和 Bartlett 球形检验

取样足够度的 KMO 度量		0.820
Bartlett 球形检验	近似卡方	116.712
	df	10
	Sig.	0.000

8）边界人员关系导向

表 4-60 检验结果表明，边界人员关系导向的 Bartlett 球形检验的概率值远远小于 0.05，KMO 值为 0.841 大于 0.5。因此，无论是从 KMO 值还是 Bartlett 球形检验均适合做因子分析。边界人员关系导向的七个分量表的累积解释总方差为 57.015%。

表 4-60　边界人员关系导向量表的 KMO 和 Bartlett 球形检验

取样足够度的 KMO 度量		0.841
Bartlett 球形检验	近似卡方	204.944
	df	21
	Sig.	0.000

4.5　问卷调查数据分析方法

本书通过问卷对经销商进行调查，运用调查取得的数据来对前述的理论推演进行实证研究。主要运用 SPSS 17.0 和 AMOS 17 等统计软件对收集的数据进行分析。

4.5.1　描述性统计分析

描述性统计分析的目的是对调研项目的整体分布情况进行分析，特别是对调研对象的人口统计指标（调研对象的年龄、性别、学历、职务、从业时间等）和受调查的经销商基本情况（所在行业、所有权性质、企业规模、经销商与生产商之间的关系等）分析，同时对各构念的观察题项的均值、方差等统计量进行分析。

4.5.2 信度和效度检验

要认识抽象的构念，需要通过相对实际的、受访对象能够理解和感知的题项进行测试。信度检验即是对检测各个构念所采用的测项进行可靠性检验。Cronbach's α 系数是常用的信度检验指标，通过 Cronbach's α 系数可以考察测试调研结果的一致性和稳定性（Flynn et al.，1990；Kline，2004；曾五一和黄炳艺，2006）。

研究所采用的测量手段能多大程度测量出所要测量的变量，即研究的效度。效度主要包括内容效度和建构效度。内容效度是指研究中测量目标与所测量内容的适合度以及逻辑的相符度。本书通过借鉴国内外相对成熟的量表，经过相关专家的指导、对问卷的前测并根据实务人事的建议而修改，以保证研究问卷的内容效度。建构效度用于检验问卷对理论概念的检测程度，验证性因子分析是进行建构效度检验的有效手段。本书中因子载荷量的绝对值均大于 0.4，各因子对相应潜变量具有较强的解释力，保证了研究的有效性。

4.5.3 结构方程建模

结构方程模型（structural equation modeling，SEM）作为验证性因子分析、多元回归分析及路径分析方法的统计数据分析工具，可以比较科学地研究变量间的复杂关系。本书运用 AMOS 17 对影响渠道边界人员间关系、边界人员间信任、边界人员对机会主义行为的容忍、机会主义行为等潜变量所涉及的测量进行因子分析的同时，探索这些潜变量之间的关系，对经过理论推导的研究假设进行实证验证。

4.6 本 章 小 结

本章首先介绍了本书问卷设计的原则和程序，严格遵从科学研究对问卷调查的要求，保证研究科学性基础；其次，介绍了本书各核心潜变量的测量题项来源，保证本书对现有文献研究的继承性和测量题项的合理性、可靠性；再次，介绍了本书问卷发放和回收的情况，保证数据的有效性；最后，对问卷前测的数据进行了比较详尽的分析，测试调查问卷的信度和效度，保证正式调查问卷的科学性。另外，还介绍了正式数据收集和处理的方法。

第 5 章　理论模型的实证检验

本书基于容忍视角探讨营销渠道边界人员间关系对渠道机会主义行为影响，最终对营销渠道绩效的影响。前文在对现有文献进行回顾和评述的基础上，进行理论推导，演绎出理论模型，并对模型涉及的相关变量的测量题项进行推演和前测，确定调查问卷。2014 年 10~12 月，经过为期 3 个月的努力，我们通过实地调研、信件、电子邮件、网络等方式，在家具、建材等行业收集了 223 份有效问卷，为实证研究准备了基础条件。

5.1　正式调研描述

5.1.1　调研对象基本情况的描述性统计

本书将经销商作为调查对象，调查的经销商信息如表 5-1 所示。在被调查的样本经销商中，从企业员工人数来看，员工人数在 100 人以下的企业有 154 家，占比为 69.1%，是所有被调查样本的大多数；500 人以下的样本数为 185，占总体的 83.0%， 成为样本的绝对主体。 本调查的结构符合我国现有的经销商基本分布情况，即从数量上来看，中小经销商是所有经销商的主体。从企业性质的角度来看，民营企业达 151 家，占被调查对象的 67.7%，这也符合我国民营企业经销商从数量上占主导的现状。被调查的经销商中，经销五金、家具和室内装修材料的有 138 家，占所有被调查对象数量的 61.9%。选择这些行业的主要原因有以下几点在电子商务高速发展的形势下，这些行业的产品主要还是依赖于经销商（特别是线下经销商）进行经销；这些行业的经销方式中经销商相互嵌入程度比较深，边界人员之间关系在渠道成员关系中占有比较重要的地位，符合本书的研究视角需要。从渠道关系持续时间的角度看，渠道关系持续时间在 5 年以上的经销商 122 家，占被调查对象的 54.7%，也说明这些被调查对象渠道关系持续的时间比较长。

表 5-1 样本企业基本信息

企业特征	分类	频次/家	百分比/%	累积百分比/%
企业员工人数	100 人以下	154	69.1	69.1
	100~499 人	31	13.9	83.0
	500~999 人	12	5.4	88.3
	1 000 人以上	26	11.6	100.0
企业性质	国有企业	57	25.6	25.6
	民营企业	151	67.7	93.3
	合资企业	11	4.9	98.2
	外资企业	4	1.8	100.0
经销产品	食品、饮料和烟草制品	12	5.4	5.4
	纺织、服装及日用品	10	4.5	9.9
	矿产品、建材、化工产品	28	12.6	22.4
	五金、家具及室内装修材料	138	61.9	84.3
	医药及医疗器械材料	14	6.3	90.6
	家用电器及电子产品	9	4.0	94.6
	汽车、摩托车、燃料及零配件	12	5.3	100.0
渠道关系持续时间	1 年以内	19	8.5	8.5
	1~2 年	22	9.9	18.4
	2~5 年	60	26.9	45.3
	5 年以上	122	54.7	100.0

本书调查的受访人员的描述性统计如表 5-2 所示。从性别来看，受访对象的男性 129 人，占 57.8%；女性 94 人，占 42.2%，男性比女性略多。从年龄来看，25~35 岁的 77 人，占 34.5%，36~45 岁的 96 人，占 43.0%，这两部分是受访对象的主体。从学历方面看，中专、高中及以下者 122 人，占总数的 54.7%，大专学历者 64 人，占 28.7%。由此可以看出，总体而言，受访对象的学历都不高。接受调查者中有 117 人是总经理，占 52.5%，部门经理 58 人，占 26.0%，这两部分共占了 78.5%，反映的情况基本代表了经销商高层的意见。从从事该工作年限来看，受访对象的分布比较平均，1~5 年、5~10 年、10 年以上这三部分受访对象比率大体接近，也说明调查具有较强的普遍性。

表 5-2　受访对象特征描述

统计内容	内容分类	频次/人	百分比/%	累积百分比/%
性别	男	129	57.8	57.8
	女	94	42.2	100.0
年龄	24 岁以下	6	2.7	2.7
	25~35 岁	77	34.5	37.2
	36~45 岁	96	43.0	80.3
	46 岁及以上	44	19.8	100.0
学历	硕士及以上	2	0.9	0.9
	本科	35	15.7	16.6
	大专	64	28.7	45.3
	中专、高中及以下	122	54.7	100.0
职位	总经理	117	52.5	52.5
	部门经理	58	26.0	78.5
	主管	31	13.9	92.4
	业务员	17	7.6	100.0
从事该工作年限	1 年以内	12	5.4	5.4
	1~5 年	72	32.3	37.7
	5~10 年	77	34.5	72.2
	10 年以上	62	27.8	100.0

5.1.2　正式调研各题项的描述性统计分析

本书对正式调研的各题项的描述性统计分析主要采用了均值、标准差、偏度、峰度等指标（表 5-3）。其中均值是反映样本收集数据的平均得分，标准差反映收集数据的离散程度，偏度反映数据的正态分布情况。由表 5-3 我们可以看到，本书各构念的所有题项的偏度都小于 2，同时峰度都小于 5，均在正态分布的范围之内，可以认为它们都服从正态分布（Ghiselli et al.，1981；纪春礼，2011）。

表 5-3 正式调研各测量题项数据的描述统计量

题项	N 统计量	均值 统计量	标准差 统计量	偏度		峰度	
				统计量	标准误	统计量	标准误
A1	223	5.75	1.613	−1.410	0.163	1.244	0.324
A2	223	5.95	1.457	−1.669	0.163	2.531	0.324
A3	223	4.56	1.678	−0.170	0.163	−0.601	0.324
A4	223	5.29	1.607	−1.008	0.163	0.492	0.324
CP1	223	5.13	1.626	−0.694	0.163	−0.146	0.324
CP2	223	5.57	1.575	−1.234	0.163	0.907	0.324
CP3	223	4.93	1.598	−0.564	0.163	−0.317	0.324
CP4	223	5.28	1.561	−0.665	0.163	−0.289	0.324
TP1	223	3.81	1.984	0.040	0.163	−1.299	0.324
TP2	223	3.22	1.879	0.256	0.163	−1.177	0.324
TP3	223	3.17	1.901	0.386	0.163	−0.914	0.324
TP4	223	3.16	1.921	0.447	0.163	−0.958	0.324
TW1	223	3.16	2.043	0.359	0.163	−1.361	0.324
TW2	223	3.20	1.896	0.307	0.163	−1.201	0.324
TW3	223	3.18	1.951	0.326	0.163	−1.348	0.324
TW4	223	3.16	1.879	0.482	0.163	−0.900	0.324
TW5	223	3.07	1.717	0.577	0.163	−0.401	0.324
D1	223	4.51	1.922	−0.117	0.163	−1.212	0.324
D2	223	4.25	2.162	0.001	0.163	−1.484	0.324
D3	223	4.77	1.893	−0.238	0.163	−1.226	0.324
D4	223	4.68	1.844	−0.400	0.163	−0.711	0.324
GO1	223	5.43	1.725	−0.846	0.163	−0.309	0.324
GO2	223	5.47	1.562	−1.144	0.163	0.644	0.324
GO3	223	5.69	1.452	−1.087	0.163	0.657	0.324
GO4	223	5.93	1.401	−1.683	0.163	2.439	0.324
GO5	223	5.60	1.407	−1.026	0.163	0.835	0.324
GO6	223	5.48	1.556	−1.021	0.163	0.221	0.324
GO7	223	5.09	1.581	−0.646	0.163	−0.246	0.324
SO1	223	3.91	1.720	0.110	0.163	−0.867	0.324
SO2	223	5.04	2.024	−0.690	0.163	−0.854	0.324

续表

题项	N 统计量	均值 统计量	标准差 统计量	偏度		峰度	
				统计量	标准误	统计量	标准误
SO3	223	4.47	1.837	−0.562	0.163	−0.820	0.324
SO4	223	3.78	1.809	−0.117	0.163	−1.016	0.324
WO1	223	3.86	1.686	−0.335	0.163	−0.840	0.324
WO2	223	3.89	1.730	−0.416	0.163	−0.884	0.324
WO3	223	4.61	1.953	−0.494	0.163	−0.904	0.324
WO4	223	3.95	1.845	−0.085	0.163	−01.257	0.324

注：A 代表边界人员间关系；CP 代表边界人员间信任；TP 代表边界人员基于个人对机会主义行为容忍；TW 代表边界人员基于工作对机会主义行为容忍；D 代表渠道依赖；GO 代表边界人员关系导向；SO 代表强形式机会主义行为；WO 代表弱形式机会主义行为

5.1.3　共同方法偏差检验

为了避免由于数据来源、测量环境、题项语境及题项特征等造成的共同方法偏差现象，本书将正式调查问卷所有题项放在一起，采用 SPSS 进行探索性因子分析，选择主成分分析法，未做旋转，提取大于 1 的特征值因子，分析结果显示，第一个因子的方差解释率为 23.291%。探索性因子分析结果显示的第一个因子的方差解释率小于 Allen 等（1997）建议值（50%），可以认为本书的数据不存在共同方法偏差问题，不会影响后续研究结果。

5.1.4　数据偏差分析

本书采用实地问卷调查、信件调查、网络调查、电子邮件调查等调查方式，为了检验不同调查方式收集的数据是否存在差异，本书对收集的数据进行了独立样本 t 检验，检验结果显示问卷的各题项都没有显著性差异（显著性概率大于 0.1）。由此说明可以将不同方式收集的数据合并后进行进一步分析。

5.2　测量模型的效度和信度检验

5.2.1　测量模型的效度检验

本书采用因子载荷量、平均方差提取率（average variance extracted，AVE）和反映变量间相关性指标 KMO 作为模型效度的评价指标，计算结果如表 5-4 所示。

表 5-4　效度检验结果

潜变量	观测变量	因子载荷量	解释的总方差/%	AVE	KMO
边界人员间关系	A1	0.863	69.847	0.698 4	0.777
	A2	0.882			
	A3	0.780			
	A4	0.814			
边界人员间信任	CP1	0.888	78.414	0.783 9	0.811
	CP2	0.861			
	CP3	0.897			
	CP4	0.895			
边界人员基于个人对机会主义行为容忍	TP1	0.875	80.922	0.808 7	0.831
	TP2	0.930			
	TP3	0.913			
	TP4	0.878			
边界人员基于工作对机会主义行为容忍	TW1	0.891	73.735	0.736 9	0.849
	TW2	0.898			
	TW3	0.931			
	TW4	0.910			
	TW5	0.624			
渠道依赖	D1	0.841	71.831	0.718 2	0.800
	D2	0.808			
	D3	0.914			
	D4	0.823			
边界人员关系导向	GO1	0.781	66.493	0.664 9	0.893
	GO2	0.831			
	GO3	0.788			
	GO4	0.855			
	GO5	0.842			
	GO6	0.866			
	GO7	0.737			

续表

潜变量	观测变量	因子载荷量	解释的总方差%	AVE	KMO
强形式机会主义行为	SO1	0.746	75.911	0.758 8	0.818
	SO2	0.906			
	SO3	0.908			
	SO4	0.913			
弱形式机会主义行为	WO1	0.872	79.264	0.792 8	0.807
	WO2	0.908			
	WO3	0.900			
	WO4	0.881			

如表 5-4 显示，本书涉及的所有潜变量的观测变量的因子载荷量都大于 0.6，说明考察的题项都适合作为相应潜变量的观测变量（Ashill and Jobber，2010）。一般而言，平均方差提取率大于 0.5（Tenenhaus et al.，2005）。表 5-4 显示的各题项的 AVE 都大于 0.5，测量变量能体现潜在构念的潜质。该表还显示，各变量的 KMO 值都大于 0.5，所以适合进行因子分析。由此可以看出，本研究观测变量的效度良好，适合进一步开展后续研究。

5.2.2　测量模型的信度检验

表 5-5 是本研究模型的信度检验结果。本模型信度检验的第一个指标是组合信度（composite reliability，C.R.），所有潜变量的 C.R.值都大于 0.6。本研究进行信度检验的第二个指标是 Cronbach's α 系数，所有的 Cronbach's α 系数也都在 0.6 以上。由这两个信度指标可以看出，本研究模型的各测量题项具有良好的内部一致性，量表的信度良好。

表 5-5　信度检验结果

潜变量	C.R.	Cronbach's α 系数
边界人员间关系	0.902 4	0.852
边界人员间信任	0.935 5	0.908
基于个人容忍	0.944 1	0.921
基于工作容忍	0.932 2	0.908
渠道依赖	0.910 5	0.866
边界人员关系导向	0.932 7	0.913
强机会主义行为	0.925 9	0.893
弱机会主义行为	0.938 6	0.912

5.3　渠道边界人员间关系对机会主义行为作用实证研究

以上对本书测量模型所涉及的变量进行的效度和信度分析显示，变量达到了进一步分析的要求。下面采用结构方程模型的研究方法，利用 AMOS 统计分析软件对本书的研究模型进行分析，从而剖析营销渠道边界人员间关系对机会主义行为的影响中各变量之间的关系和作用机制，并讨论统计分析结果。

5.3.1　模型的整体拟合效果评价

本书的研究目的是探索在边界人员间信任和边界人员基于不同动机（基于个人和基于工作）作用下，营销渠道边界人员间关系对渠道机会主义行为的影响。由于营销渠道边界人员之间关系性质和强度不同，所以边界人员基于个人扮演的不同角色（个人角色和组织角色）对渠道机会主义行为的容忍度不同，而边界人员之间信任又承担了这两者之间（边界人员间关系和对机会主义行为容忍度）关系的中介作用。边界人员基于不同角色对机会主义行为的容忍，最终将对渠道之间不同的机会主义行为（强形式机会主义行为和弱形式机会主义行为）产生影响。本书运用正式调研获得的 223 份有效问卷，对模型的直接效应（图 5-1）展开研究。

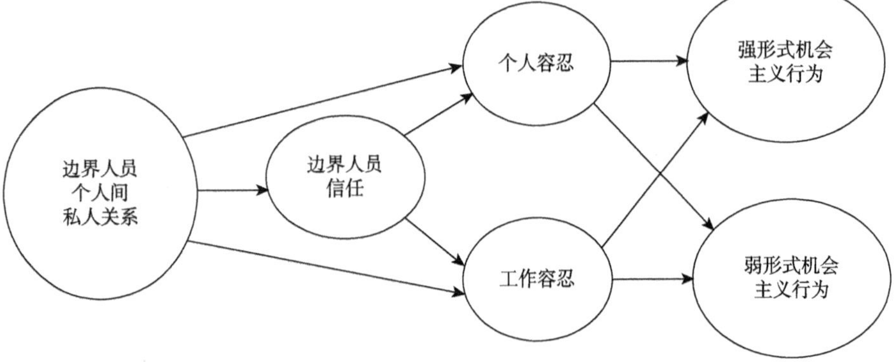

图 5-1　边界人员间关系对机会主义行为影响机制的直接效应

通过 AMOS 统计软件对本书的研究模型进行检验，得到 CMIN/DF（卡方自由度）的值为 2.897，小于 4，达到模型适配要求标准；GFI（goodness-of-fit index，即拟合优度指数）值为 0.911，大于 0.9，达到模型适配标准；CFI（comparative fit index，即比较拟合指数）值为 0.903，大于 0.9，达到模型适配标准；RMSEA（root mean square error of approximation，即近似误差均方根）值为 0.077，小于 0.08，达到模型适配标准。整体而言，初始理论模型和实际数据间拟合程度较好，能够接受假设模型。

5.3.2　直接效应的实证分析与假设检验

1. 营销渠道边界人员间关系与边界人员对机会主义行为容忍

营销渠道边界人员间关系对边界人员基于个人对机会主义行为的容忍和基于工作对机会主义行为的容忍的影响程度和方向如表 5-6 所示。营销渠道边界人员间关系对边界人员基于个人对机会主义行为的容忍的影响路径系数为 0.753，C.R.值为 5.078，$P<0.05$；营销渠道边界人员间关系对边界人员基于工作对机会主义行为的容忍的影响路径系数为 0.521，C.R.值为 3.429，$P<0.05$。统计结果显示，营销渠道边界人员间关系对边界人员基于个人对机会主义行为的容忍和基于工作对机会主义行为的容忍都具有正向影响，H_{1a} 和 H_{1b} 都得到验证。

表 5-6　边界人员间关系与边界人员对机会主义行为容忍的验证结果

假设	关系	路径系数	C.R.	P	结论
H_{1a}	边界人员间关系——→基于个人容忍	0.753	5.078	***	支持
H_{1b}	边界人员间关系——→基于工作容忍	0.521	3.429	***	支持

***表示 $P<0.001$

2. 营销渠道边界人员间关系与边界人员间信任

营销渠道边界人员间关系对边界人员间信任的影响程度和影响方向如表 5-7 所示。影响的路径系数为 0.712，C.R.值为 7.248，$P<0.05$。统计结果显示，营销渠道边界人员间关系对边界人员间信任具有正向影响的假设结论 H_2 得到支持。

表 5-7　边界人员间关系与边界人员间信任的验证结果

假设	关系	路径系数	C.R.	P	结论
H_2	边界人员间关系——→边界人员间信任	0.712	7.248	***	支持

***表示 $P<0.001$

3. 营销渠道边界人员间信任与边界人员对机会主义行为容忍

营销渠道边界人员间信任对边界人员基于个人对机会主义行为容忍和基于工作对机会主义行为容忍的影响程度和方向如表 5-8 所示。营销渠道边界人员间信任对边界人员基于个人对机会主义行为容忍的影响路径系数为−0.47，C.R.值为

−4.298，$P<0.05$；营销渠道边界人员间信任对边界人员基于工作对机会主义行为容忍的影响路径系数为−0.448，C.R.值为−3.805，$P<0.05$。统计结果显示，营销渠道边界人员间信任对边界人员基于个人对机会主义行为的容忍和基于工作对机会主义行为的容忍都具有负向影响，H_{3a}和H_{3b}都得到验证。

表 5-8　边界人员间信任与边界人员对机会主义行为容忍的验证结果

假设	关系	路径系数	C.R.	P	结论
H_{3a}	边界人员间信任——→基于个人容忍	−0.47	−4.298	***	支持
H_{3b}	边界人员间信任——→基于工作容忍	−0.448	−3.805	***	支持

***表示 $P<0.001$

4. 营销渠道边界人员基于个人对机会主义行为容忍与机会主义行为

营销渠道边界人员基于个人对机会主义行为容忍对渠道成员间强形式机会主义行为和弱形式机会主义行为的影响方向和强度如表 5-9 所示。营销渠道边界人员基于个人对机会主义行为容忍对渠道成员间强形式机会主义行为的影响路径系数为 0.16，C.R.值为 3.683，$P<0.05$；营销渠道边界人员基于个人对机会主义行为容忍对渠道成员间弱形式机会主义行为的影响路径系数为 0.132，C.R.值为 2.347，$P=0.019<0.05$。统计结果显示，营销渠道边界人员基于个人对机会主义行为容忍对渠道成员间强形式机会主义行为和弱形式机会主义行为具有正向影响，H_{5a}和H_{5b}都得到验证。

表 5-9　边界人员基于个人对机会主义行为容忍与机会主义行为的验证结果

假设	关系	路径系数	C.R.	P	结论
H_{5a}	基于个人容忍——→强形式机会主义行为	0.16	3.683	***	支持
H_{5b}	基于个人容忍——→弱形式机会主义行为	0.132	2.347	0.019	支持

***表示 $P<0.001$

5. 营销渠道边界人员基于工作对机会主义行为容忍与机会主义行为

营销渠道边界人员基于工作对机会主义行为容忍对渠道成员间强形式机会主义行为和弱形式机会主义行为的影响方向和强度如表 5-10 所示。营销渠道边界人员基于工作对机会主义行为容忍对渠道成员间强形式机会主义行为的影响路径系数为 0.188，C.R.值为 4.491，$P<0.05$；营销渠道边界人员基于工作对机会主义行为容忍对渠道成员间弱形式机会主义行为的影响路径系数为 0.224，C.R.值为 4.179，$P\leqslant 0.05$。统计结果显示，营销渠道边界人员基于工作对机会主义行为容忍对渠道成员间强形式机会主义行为和弱形式机会主义行为具有正向影响，H_{6a}和H_{6b}都得到验证。

表 5-10　边界人员基于工作对机会主义行为容忍与机会主义行为的验证结果

假设	关系	路径系数	C.R.	P	结论
H_{6a}	基于工作容忍——→强形式机会主义行为	0.188	4.491	***	支持
H_{6b}	基于工作容忍——→弱形式机会主义行为	0.224	4.179	***	支持

***表示 $P<0.001$

6. 渠道边界人员间关系对机会主义行为影响机制的实证结果讨论

本书通过收集的 223 份样本数据，对研究涉及的营销渠道边界人员间关系、边界人员间信任、边界人员对机会主义行为容忍、渠道成员间机会主义行为等变量之间的关系及作用路径进行实证研究。实证研究的检验结果汇总如表 5-11 所示。

表 5-11　直接效应假设的验证情况

研究假设	检验结果
H_2：边界人员间关系正向影响边界人员间信任	支持
H_{1a}：边界人员间关系正向影响边界人员基于个人对机会主义行为容忍	支持
H_{1b}：边界人员间关系正向影响边界人员基于工作对机会主义行为容忍	支持
H_{3a}：边界人员间信任负向影响边界人员基于个人对机会主义行为容忍	支持
H_{3b}：边界人员间信任负向影响边界人员基于工作对机会主义行为容忍	支持
H_{5a}：边界人员基于个人对机会主义行为容忍正向影响强形式机会主义行为	支持
H_{5b}：边界人员基于个人对机会主义行为容忍正向影响弱形式机会主义行为	支持
H_{6a}：边界人员基于工作对机会主义行为容忍正向影响强形式机会主义行为	支持
H_{6b}：边界人员基于工作对机会主义行为容忍正向影响弱形式机会主义行为	支持

注：根据实证结果整理而成

1）渠道边界人员间关系与边界人员间信任

营销渠道边界人员间关系正向影响边界人员间信任的假设通过了实证检验，假设得到支持。营销渠道边界人员之间关系，可能由于关系性质不同而信任程度不同，俗话说“打虎亲兄弟，上阵父子兵”，正说明家人关系（拟似家人关系）对关系信任具有最高影响。而朋友（熟人）关系则是关系性质的第二层，人们常说“在家靠父母，出门靠朋友”，说明朋友（熟人）是除家人（拟似家人）外比较值得信任的人，也是信任的第二层。如果营销渠道边界人员之间只是普通的业务关系，由于边界人员之间缺乏信任基础，相互之间就是最低层次的信任。本书的实证检验正证明了这一现象，营销渠道边界人员之间关系正向影响边界人员之间的信任，边界人员之间关系越紧密，相互之间的信任程度也越高。

2）渠道边界人员间关系与边界人员对机会主义行为的容忍

营销渠道边界人员间关系对边界人员基于个人对机会主义行为的容忍和边界人员基于工作对机会主义行为的容忍两个假设都通过了实证检验，假设得到了收集的数据支持。营销渠道边界人员间关系体现的是边界人员间的亲密程度。尽管边界人员属于营销渠道中不同的渠道成员，隶属于不同的利益主体，但是边界人员个人之间的连带强度却使相互之间不仅具有组织关系的联系，更常见的是在组织层面之外的不同的个人联系层面的关系。也就是说，边界人员和其他成员一样，扮演了组织利益代表者（任务承担者）和个人关系联络者的双重角色。

在人情社会中，个人之间强调人情，商务活动中也自然会带入人情色彩。边界人员在相互关系程度比较高的情况下，人与人之间都要照顾人情和感情。在相互人际关系处于中等层次（熟人或朋友）的情况下，面子也是人际活动中重要的成分，相互之间要照顾面子。人情、感情和面子都是关系的组成部分，基于人情、感情和面子等因素，在对方组织损害本方组织但又没有损害自身利益的情况下，对对方的机会主义行为就会存在程度不同的容忍。正如人们常说的，在中国，人际关系好，“是事也不是事”；关系一般的情况下，“是事就是事”；关系不好，“不是事也是事”①。这种说法，实际上就说明人与人之间基于关系性质和强度不同而对问题或麻烦的容忍程度不同。本书收集的数据也证明了这一现象的存在。

3）渠道边界人员间信任与边界人员对机会主义行为的容忍

营销渠道边界人员间信任对边界人员基于个人对机会主义行为的容忍和边界人员基于工作对机会主义行为的容忍两个假设都通过了实证检验，假设得到了收集的数据支持。如上所述，人际关系越强，会形成更强的人际信任。人际信任的实质是认为对方在背后伤害自己的可能性会降低。也就是说，人与人之间越信任，对方越不会在“背地里伤害自己”，不会在自己的背后“捅刀子”。因此，随着人际信任程度提高，人们之间对伤害自己的行为的容忍程度就越低，即人际关系对机会主义行为的容忍产生负向影响。

确实存在着这种看似矛盾的现象，一方面随着关系强度提高，对对方人员的问题或毛病的容忍程度会提高；另一方面，随着人际关系强度提高，彼此之间信任程度提高，信任就是认为对方不会伤害自己，即对对方的伤害行为的容忍程度会降低。在营销渠道关系中，这种看似矛盾的现象，实际上有合理的成分，那就是人员在组织中扮演的双重角色，即个人角色和组织角色。从个人角色的角度看，随着边界人员个人关系强度提高，边界人员偏向于维护朋友的个人利益。当然，从组织的角度来看，由于对方伤害己方组织利益的行为，可能使自己不能接受。但是，如果对方的行为伤害的是组织的利益而没有影响自己的利益，边界人员也

① 这里的“事”就是问题、麻烦的意思。

有可能会选择容忍。而且，基于人情社会的现实，人们更有可能维护朋友利益而容忍自己组织利益受到损害。

4）渠道边界人员对机会主义行为的容忍与渠道成员间机会主义行为

营销渠道边界人员基于个人对机会主义行为的容忍正向影响渠道成员之间的强形式机会主义行为和弱形式机会主义行为、边界人员基于工作对机会主义行为的容忍正向影响渠道成员之间的强形式机会主义行为和弱形式机会主义行为的四个假设都通过了实证检验，假设得到了收集的数据支持。营销渠道成员之间，相互联络的桥梁往往就是边界人员。边界人员之间的相互交流，能够感知对方边界人员对己方的态度。也就是说，基于相互的交往活动和人际关系，边界人员是能感知对方对自己的机会主义行为的容忍程度的。边界人员一旦感知到对方对自己机会主义行为的容忍度较高，自然可能采取更多的机会主义行为为自己谋取更多的利益。

渠道成员之间的机会主义行为，可能是违背双方合同约定条款的强形式的机会主义行为，也可能是违背合同中没有约定的规范的弱形式的机会主义行为。边界人员基于个人和工作对对方机会主义行为的容忍，会影响边界人员所采取的机会主义行为类型。边界人员之间关系强度比较低的情况下，由于彼此之间依靠合同调节相互间的权利和义务，这时候边界人员之间基于"公事公办"的心理，对对方的机会主义行为抱比较低的容忍度，特别是对公然违背合同的强形式机会主义行为，边界人员的容忍度更低。在此状况下，边界人员能容忍的只是部分合同没有约定的、基于工作又需要容忍的弱形式机会主义行为。在边界人员间关系强度比较高的情况下，边界人员不仅基于工作对弱形式的机会主义行为的容忍比较高，而且基于个人对强形式的机会主义行为的容忍也比较高。在此状况下，经销商的强形式和弱形式的机会主义行为发生的概率都比较高。

5.4　中介效应的实证检验

结构方程模型的变量之间的关系，不仅存在相互直接影响的直接效应，而且在前因变量和结果变量之间还可能受某一个或几个中间变量的作用影响，这种在前因变量和结果变量之间的影响变量就是中介变量。中介变量在前因和结果之间起到中介作用，解释了研究对象的前因和结果之间的作用机理。研究对象的前因和结果之间的总效应，就是相互间直接效应和间接效应之和。本节拟在 5.3 节对各个变量路径的直接效应检验的基础上，探索变量间可能存在的间接效应。

本书拟采用 Baron 和 kenny（1986）的研究方法，通过三步验证变量之间中介效应是否存在：第一步检验前因变量和结果变量之间直接效应是否存在，通过验证方程 $Y=cX+e_1$ 中 c 是否显著，如果 c 显著，则继续检验，如果 c 不显著（说明 X 对 Y 无影响），则停止中介效应检验；第二步验证 $M=aX+e_2$ 中 a 是否显著，如果 a 显著，则继续检验，如果 a 不显著，则停止检验；第三步检验 $y=c'X+bM+e_3$ 中 b 的显著性，如果 b 显著，则说明中介效应存在。在 b 显著的情况下检验 c' 的显著性，如果 c' 显著，说明变量之间是不完全中介效应；若 c' 不显著，则说明变量之间是完全中介效应，变量 X 对 Y 的作用完全通过中介变量 M 来实现。

5.4.1　边界人员间信任对边界人员间关系与个人容忍的中介效应检验

营销渠道边界人员间关系与边界人员基于个人对机会主义行为容忍的总效应检验结果如表 5-12 所示，方程 $TP=cA+e_1$ 检验的总效应（$c=0.375$）显著（C.R.=3.350，$P<0.05$），可以进行进一步检验。

表 5-12　边界人员间关系与基于个人对机会主义行为容忍的检验

关系	路径系数	C.R.	P
边界人员间关系——→基于个人对机会主义行为容忍（c）	0.375	3.350	***

***表示 $P<0.001$

营销渠道边界人员间关系与边界人员间信任的检验结果如表 5-13 所示，方程 $CP=aA+e_2$ 检验的结果（$a=0.694$）显著（C.R.=7.254，$P<0.05$），可以进行下一步中介效应检验。

表 5-13　边界人员间关系与边界人员间信任的检验

关系	路径系数	C.R.	P
边界人员间关系——→边界人员间信任（a）	0.694	7.254	***

***表示 $P<0.001$

营销渠道边界人员间关系与边界人员基于个人对机会主义行为容忍的中介效应检验结果如表 5-14 所示，方程 $TP=c'A+bA+e_3$ 检验的结果 b（$b=-0.412$）显著（C.R.=−3.740，$P<0.05$），说明营销渠道边界人员间关系与边界人员基于个人对机会主义行为容忍的中介效应存在。同时，检验结果还显示 c'（$c'=0.664$）显著（C.R.=4.587，$P<0.05$），说明营销渠道边界人员间关系与边界人员基于个人对机会主义行为容忍之间存在部分中介效应，由此 H_{4a} 得到支持。

表 5-14　边界人员间关系与基于个人对机会主义行为容忍的中介效应检验

关系	路径系数	C.R.	*P*
边界人员间关系——→基于个人对机会主义行为容忍（c'）	0.664	4.587	***
边界人员间信任——→基于个人对机会主义行为容忍（b）	−0.412	−3.740	***

***表示 $P<0.001$

5.4.2　边界人员间信任对边界人员间关系与工作容忍的中介效应检验

营销渠道边界人员间关系与边界人员基于工作对机会主义行为容忍的总效应检验结果如表 5-15 所示，方程 $TW=cA+e_1$ 检验的总效应（$c=0.135$）显著（C.R.=4.163，$P<0.05$），可以进行进一步中介效应检验。

表 5-15　边界人员间关系与基于工作对机会主义行为容忍的检验

关系	路径系数	C.R.	*P*
边界人员间关系——→基于工作对机会主义行为容忍（c）	0.135	4.163	***

***表示 $P<0.001$

营销渠道边界人员间关系与边界人员间信任的检验结果如表 5-16 所示，方程 $CP=aA+e_2$ 检验的结果（$a=0.694$）显著（C.R.=7.254，$P<0.05$），可以进行下一步中介效应检验。

表 5-16　边界人员间关系与边界人员间信任的检验

关系	路径系数	C.R.	*P*
边界人员间关系——→边界人员间信任（a）	0.694	7.254	***

***表示 $P<0.001$

营销渠道边界人员间关系与边界人员基于工作对机会主义行为容忍的中介效应检验结果如表 5-17 所示，方程 $TW=c'A+bA+e_3$ 检验的结果 b（$b=-0.365$）显著（C.R.=−3.080，$P\leqslant0.002<0.05$），说明营销渠道边界人员间关系与边界人员基于工作对机会主义行为容忍的中介效应存在。同时，检验结果还显示 c'（$c'=0.397$）显著（C.R.=2.649，$P=0.008<0.05$），说明营销渠道边界人员间关系与边界人员基于工作对机会主义行为容忍之间存在部分中介效应，由此 H_{4b} 得到支持。

表 5-17　边界人员间关系与基于个人对机会主义行为容忍的中介效应检验

关系	路径系数	C.R.	*P*
边界人员间关系——→基于工作对机会主义行为容忍（c'）	0.397	2.649	0.008
边界人员间信任——→基于工作对机会主义行为容忍（b）	−0.365	−3.080	0.002

5.4.3　边界人员间信任中介效应实证结果讨论

本书就营销渠道边界人员间信任对边界人员间关系与边界人员基于个人对机会主义行为的容忍及边界人员基于工作对机会主义行为容忍的中介作用的检验结果如表 5-18 所示。边界人员间关系通过边界人员间信任影响了边界人员基于个人对机会主义行为的容忍及边界人员基于工作对机会主义行为的容忍。

表 5-18　中介效应假设的验证情况

研究假设	检验结果
H_{4a}：边界人员间关系通过边界人员间信任影响基于个人对机会主义行为容忍	支持
H_{4b}：边界人员间关系通过边界人员间信任影响基于工作对机会主义行为容忍	支持

注：根据实证结果整理而成

本书的实证结果显示，营销渠道边界人员间信任对边界人员间关系与边界人员基于个人对机会主义行为容忍的关系具有中介作用，营销渠道边界人员间信任对边界人员间关系与边界人员基于工作对机会主义行为容忍的关系具有中介作用。边界人员之间性质和强度不同，不仅直接反映在对基于个人和基于工作对渠道成员机会主义行为容忍的直接影响上，同时还表现在边界人员之间的信任程度不同，从而影响基于个人和基于工作对机会主义行为的容忍。边界人员之间的信任，反映了边界人员之间对对方接受委托完成事项的风险担当。基于这种信任，边界人员认为对方也会考虑相互个人关系而不会对己方施以机会主义行为。正是基于这种边界人员之间的人际信任，而对边界人员间关系和边界人员对机会主义行为容忍产生负向的中介作用，即边界人员间的信任，减弱了边界人员间关系对边界人员基于个人和基于工作对机会主义行为的容忍程度。

5.5　渠道依赖和边界人员关系导向调节效应的实证检验

调节效应是某一（些）变量对一组变量之间的关系产生的影响，即变量之间的关系因另外变量变化而发生变化。模型中的调节变量，拓展了模型的解释力度，使模型更接近真实的社会生活环境，拓宽了模型的应用范围，使模型适应更多的场景。

本书拟用回归的方法检验调节作用。调节变量（渠道依赖和关系导向）需要调节的前因变量（边界人员间关系和边界人员间信任）都是连续变量，为了减少检验调节效应的回归方程中变量之间的多重共线性，在构造方程之前，对调节变量和前因变量进行中心化或标准化处理，即将连续变量的每个数据点减去均值，使新得到的数据样本均值为零（Aiken et al.，1991），再将自变量、因变量、调节变量、中心化后的自变量和调节变量构造检验方程 $Y = b_0 + b_1X + b_2M + b_3\bar{X}\bullet\bar{M}$（其中 $\bar{X}$ 和 $\bar{M}$ 是中心化后的值）。通过检验乘积项的系数是否显著，就可以判断调节效应是否存在。

5.5.1　渠道依赖对边界人员间关系与对机会主义行为容忍的调节作用

（1）渠道依赖对边界人员间关系与边界人员基于个人对机会主义行为容忍关系的调节作用。为了检验渠道之间的依赖程度对边界人员间关系与边界人员基于个人对机会主义行为容忍关系的调节作用，通过对自变量（边界人员间关系）和调节变量（渠道依赖）进行中心化，构造回归方程 $\mathrm{TP} = b_0 + b_1A + b_2D + b_3\bar{A}\bullet\bar{D}$。运用 SPSS 对回归方程进行检验，检验结果如表 5-19 所示。检验结果显示，中心化的自变量和调节变量的乘积项 $\bar{A}\bullet\bar{D}$ 的系数 $b_3=-0.192$ 通过了检验（$t=-2.902$，$P=0.004<0.05$）。由检验结果可以看到，渠道依赖程度对边界人员间关系与边界人员基于个人对机会主义行为容忍的关系具有负向调节作用，由此 H_{7a} 得到支持（图 5-2）。

表 5-19　渠道依赖调节关系对基于个人容忍影响

变量	系数	t	Sig.
$\bar{A}\bullet\bar{D}$	−0.192	−2.902	0.004

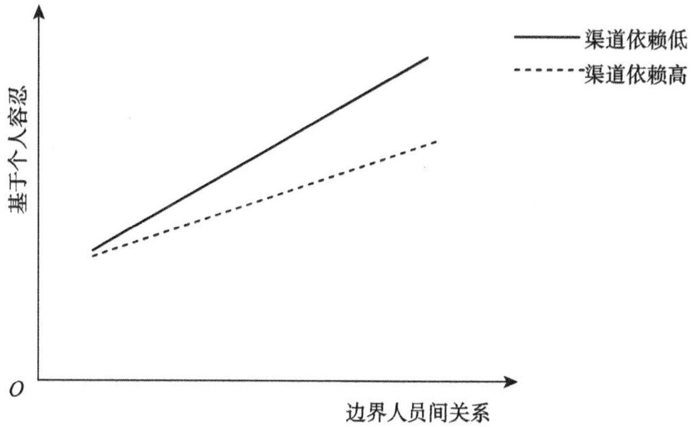

图 5-2　渠道依赖调节关系对基于个人容忍影响的示意图

（2）渠道依赖对边界人员间关系与边界人员基于工作对机会主义行为容忍关系的调节作用。为了检验渠道之间的依赖程度对边界人员间关系与边界人员基于工作对机会主义行为容忍的关系的调节效应，通过对自变量（边界人员间关系）和调节变量（渠道依赖）进行中心化，构造回归方程 $TW = b_0 + b_1A + b_2D + b_3\overline{A}\cdot\overline{D}$。运用 SPSS 对回归方程进行检验，检验结果如表 5-20 所示。检验结果显示，中心化的自变量和调节变量的乘积项 $\overline{A}\cdot\overline{D}$ 的系数 $b_3=-0.151$ 通过了检验（$t=-2.175$，$P=0.031<0.05$）。由检验结果可以看到，渠道依赖程度对边界人员间关系与边界人员基于工作对机会主义行为容忍的关系具有负向调节作用，由此 H_{7b} 得到支持（图 5-3）。

表 5-20 渠道依赖调节关系对基于工作容忍影响

变量	系数	t	Sig.
$\overline{A}\cdot\overline{D}$	−0.151	−2.175	0.031

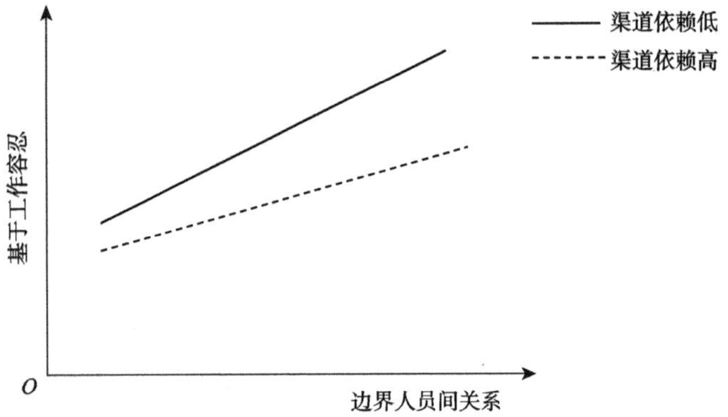

图 5-3 渠道依赖调节关系对基于工作容忍影响的示意图

5.5.2 渠道依赖对边界人员间信任与机会主义行为容忍关系的调节作用

（1）渠道依赖对边界人员间信任与边界人员基于个人对机会主义行为容忍关系的调节作用。为了检验渠道之间的依赖程度对边界人员间信任与边界人员基于个人对机会主义行为容忍的关系的调节作用，通过对自变量（边界人员间信任）和调节变量（渠道依赖）进行中心化，构造回归方程 $TP = b_0 + b_1CP + b_2D + b_3\overline{CP}\cdot\overline{D}$。运用 SPSS 对回归方程进行检验，检验结果如表 5-21 所示。检验结果显示，中心化的自变量和调节变量的乘积项 $\overline{CP}\cdot\overline{D}$ 的系数 $b_3=-0.167$ 通过了检验（$t=-4.001$，$P<0.05$）。由检验结果可以看到，渠道之间的依赖程度对边界人员间信任与边界

人员基于个人对机会主义行为容忍的关系具有负向调节作用，由此 H_{7c} 得到支持（图 5-4）。

表 5-21　渠道依赖调节信任对基于个人容忍影响

变量	系数	t	Sig.
$\overline{CP}\cdot\overline{D}$	−0.167	−4.001	0.000

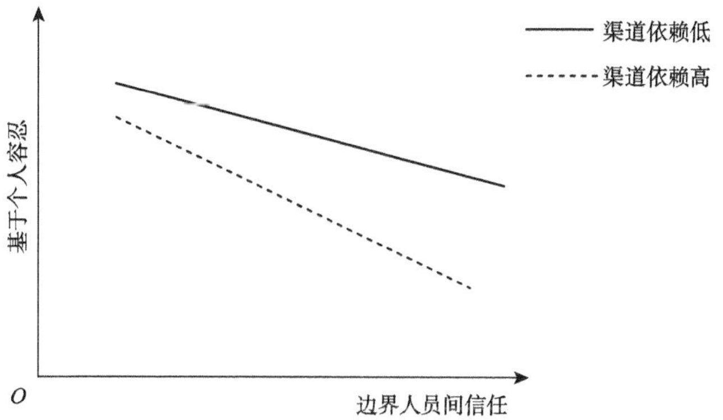

图 5-4　渠道依赖调节信任对基于个人容忍影响的示意图

（2）渠道依赖对边界人员间信任与边界人员基于工作对机会主义行为容忍关系的调节作用。为检验渠道之间的依赖程度对边界人员间信任与边界人员基于工作对机会主义行为容忍的关系的调节作用，通过对自变量（边界人员间信任）和调节变量（渠道依赖）进行中心化，构造回归方程 $TW = b_0 + b_1CP + b_2D + b_3\overline{CP}\cdot\overline{D}$。运用 SPSS 对回归方程进行检验，检验结果如表 5-22 所示。检验结果显示，中心化的自变量和调节变量的乘积项 $\overline{CP}\cdot\overline{D}$ 的系数 $b_3=-0.107$ 通过了检验（$t=-2.603$，$P=0.009<0.05$）。由检验结果可以看到，渠道之间的依赖程度对边界人员间信任与边界人员基于工作对机会主义行为容忍的关系具有负向调节作用，由此 H_{7d} 得到支持（图 5-5）。

表 5-22　渠道依赖调节信任对基于工作容忍影响

变量	系数	t	Sig.
$\overline{CP}\cdot\overline{D}$	−0.107	−2.603	0.009

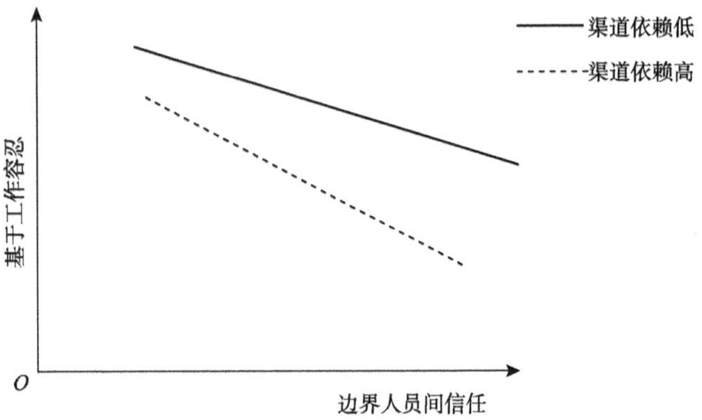

图 5-5 渠道依赖调节信任对基于工作容忍影响的示意图

5.5.3 关系导向对人际关系与机会主义行为容忍关系的调节作用

（1）边界人员关系导向对边界人员间关系与边界人员基于个人对机会主义行为容忍的影响的调节作用。为了检验渠道边界人员关系导向对边界人员间关系与边界人员基于个人对机会主义行为容忍的影响的调节作用，通过对自变量（边界人员间关系）和调节变量（边界人员关系导向）进行中心化，构造回归方程 $\text{TP} = b_0 + b_1 A + b_2 \text{GO} + b_3 \overline{A}\bullet\overline{\text{GO}}$。运用 SPSS 对回归方程进行检验，检验结果如表 5-23 所示。检验结果显示，中心化的自变量和调节变量的乘积项 $\overline{A}\bullet\overline{\text{GO}}$ 的系数 b_3=0.197 通过了检验（t=2.863，P=0.005<0.05）。由检验结果可以看到，边界人员关系导向对边界人员间关系与边界人员基于个人对机会主义行为容忍的关系具有正向调节作用，由此 H_{8a} 得到支持（图 5-6）。

表 5-23 关系导向调节关系对基于个人容忍影响

变量	系数	t	Sig.
$\overline{A}\bullet\overline{\text{GO}}$	0.197	2.863	0.005

（2）边界人员关系导向对边界人员间关系与边界人员基于工作对机会主义行为容忍影响的调节作用。为了检验渠道边界人员关系导向对边界人员间关系与边界人员基于工作对机会主义行为容忍影响的调节作用，通过对自变量（边界人员间关系）和调节变量（边界人员关系导向）进行中心化，构造回归方程 $\text{TW} = b_0 + b_1 A + b_2 \text{GO} + b_3 \overline{A}\bullet\overline{\text{GO}}$。运用 SPSS 对回归方程进行检验，检验结果如表 5-24 所示。检验结果显示，中心化的自变量和调节变量的乘积项 $\overline{A}\bullet\overline{\text{GO}}$ 的系数 b_3=0.151 通过了检验（t=2.123，P=0.035<0.05）。由检验结果可以看到，边界人员

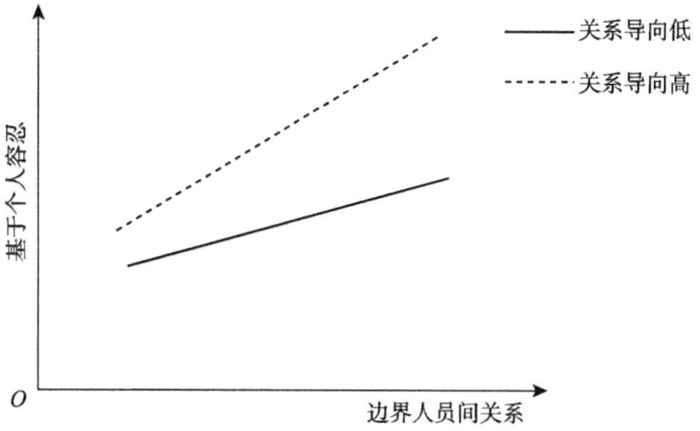

图 5-6　关系导向调节关系对基于个人容忍影响的示意图

关系导向对边界人员间关系与边界人员基于工作对机会主义行为容忍的关系具有正向调节作用，由此 H_{8b} 得到支持（图 5-7）。

表 5-24　关系导向调节关系对基于工作容忍影响

变量	系数	*t*	Sig.
$\overline{A}\cdot\overline{GO}$	0.151	2.123	0.035

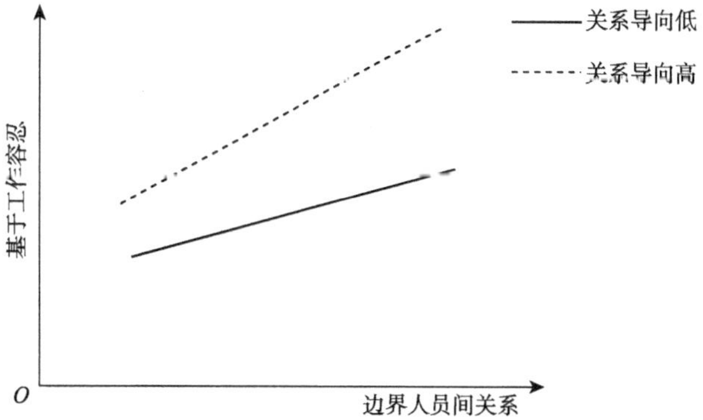

图 5-7　关系导向调节关系对基于工作容忍影响的示意图

5.5.4　关系导向对边界人员间信任与机会主义行为容忍关系的调节作用

（1）边界人员关系导向对边界人员间信任与边界人员基于个人对机会主义行为容忍影响的调节作用。为了检验渠道边界人员关系导向对边界人员间信任与边界人员基于个人对机会主义行为容忍的影响的调节作用，通过对自变量（边界人员间信任）和调节变量（边界人员关系导向）进行中心化，构造回归方程 $TP = b_0 + b_1CP + b_2GO + b_3\overline{CP}\cdot\overline{GO}$。运用 SPSS 对回归方程进行检验，检验结果如表 5-25 所示。检验结果显示，中心化的自变量和调节变量的乘积项 $\overline{CP}\cdot\overline{GO}$ 的系数没有通过检验（t=1.241，P=0.216>0.05）。由检验结果可以看到，边界人员关系导向对边界人员间信任与边界人员基于工作对机会主义行为容忍的关系不具有调节作用，由此 H_{8c} 没有得到支持。

表 5-25　关系导向调节信任对基于个人容忍影响

变量	系数	t	Sig.
$\overline{CP}\cdot\overline{GO}$	0.086	1.241	0.216

（2）边界人员关系导向对边界人员间信任与边界人员基于工作对机会主义行为容忍的影响的调节作用。为了检验渠道边界人员关系导向对边界人员间信任与边界人员基于工作对机会主义行为容忍的影响的调节作用，通过对自变量（边界人员间信任）和调节变量（边界人员关系导向）进行中心化，构造回归方程 $TW = b_0 + b_1CP + b_2GO + b_3\overline{CP}\cdot\overline{GO}$。运用 SPSS 对回归方程进行检验，检验结果如表 5-26 所示。检验结果显示，中心化的自变量和调节变量的乘积项 $\overline{CP}\cdot\overline{GO}$ 的系数没有通过检验（t=1.741，P=0.083>0.05）。由检验结果可以看到，边界人员关系导向对边界人员间信任与边界人员基于工作对机会主义行为容忍的关系不具有调节作用，由此 H_{8d} 没有得到支持。

表 5-26　关系导向调节信任对基于工作容忍影响

变量	系数	t	Sig.
$\overline{CP}\cdot\overline{GO}$	0.121	1.741	0.083

5.5.5　渠道依赖和关系导向调节作用的实证结果讨论

本书的主效应是边界人员间关系影响边界人员对机会主义行为的容忍（边界人员的信任在其中起负向中介作用），边界人员对机会主义行为的容忍又导致渠道成员之间产生不同类型的机会主义行为。在边界人员间关系和边界人员间信任对边界人员机会主义行为容忍产生影响的过程中，还受到渠道成员之间依赖程度和边界人员关系导向的影响。也就是说，营销渠道成员之间（组织之间）的依赖程度影响了作为个体的人员的行为，渠道成员的依赖状况调节了边界人员间关系和信任对边界人员对机会主义行为的容忍程度之间的关系。边界人员的关系导向，同样影响了边界人员间关系对机会主义行为容忍的影响，但是没有能够证明边界人员的关系导向影响了边界人员间信任对机会主义行为容忍的影响。实证结果如表 5-27 所示。

表 5-27　调节效应假设的验证情况

研究假设	检验结果
H_{7a}：渠道依赖弱化边界人员间关系对边界人员基于个人对机会主义行为容忍的影响	支持
H_{7b}：渠道依赖弱化边界人员间关系对边界人员基于工作对机会主义行为容忍的影响	支持
H_{7c}：渠道依赖弱化边界人员间信任对边界人员基于个人对机会主义行为容忍的影响	支持
H_{7d}：渠道依赖弱化边界人员间信任对边界人员基于工作对机会主义行为容忍的影响	支持
H_{8a}：边界人员关系导向强化边界人员间关系对边界人员基于个人对机会主义行为容忍的影响	支持
H_{8b}：边界人员关系导向强化边界人员间关系对边界人员基于工作对机会主义行为容忍的影响	支持
H_{8c}：边界人员关系导向强化边界人员间信任对边界人员基于个人对机会主义行为容忍的影响	不支持
H_{8d}：边界人员关系导向强化边界人员间信任对边界人员基于工作对机会主义行为容忍的影响	不支持

注：根据实证结果整理而成

（1）渠道成员之间较强的依赖程度，可以抑制由于边界人员间关系对边界人员对机会主义行为容忍。尽管渠道之间边界人员间关系强度比较高，但是如果经销商对生产商的依赖程度高，那么生产商的边界人员对经销商的机会主义行为容忍要低于经销商对生产商依赖程度低的情况。由于对生产商依赖程度比较低的经销商有更多的选择，可以比较容易地找到其他的销售和利润来源，经销商往往保持对其机会主义行为更高的容忍。对高依赖程度的经销商的机会主义行为更低容忍度，实际上揭示了生产商基于渠道依赖而对经销商表现出更强势的威慑效应，也再次证明生产商对高依赖程度的经销商的“敲竹杠”的可能。另外，由于边界人员之间个人关系既包含情感色彩的帮忙关系，也包含功利色彩的寻租关系，所以在高渠道依赖的情况下，边界人员之间的功利色彩的寻租关系成分占比高的可能更大。这种更多功利成分的关系，实际上使生产商感知到优越的地位，从而导致对高依赖程度的经销商的机会主义行为更小的容忍度。

（2）渠道成员之间较高的依赖关系，使营销渠道边界人员对机会主义行为的容忍程度较少受人际信任的影响。前文对研究模型路径分析的结果看到，营销渠道边界人员之间的信任，会降低边界人员对机会主义行为的容忍（基于个人和工作对机会主义行为的容忍）。但是，这种边界人员间信任对机会主义行为容忍的抑制作用会因渠道成员之间的依赖程度不同而不同。渠道成员之间较高的依赖程度，会使边界人员间关系对机会主义行为容忍的抑制效果放大。在渠道成员之间的依赖程度较高的情况下，经销商和生产商之间的依附关系更强，渠道双方边界人员之间在心理上的地位差距更大，生产商边界人员的心理地位优势导致其认为经销商更不应该背叛自己的信任而做出更多的机会主义行为，从而使信任对经销商的机会主义行为的抑制作用扩大，使边界人员对机会主义行为的容忍比渠道依赖程度低的情况下更低。

（3）边界人员较强的关系导向，强化由于边界人员间关系对边界人员对机会主义行为的容忍。边界人员由于人际关系而对机会主义行为的容忍程度的高低，受到边界人员个人性格的影响。有的渠道边界人员更注重关系，受关系影响其对机会主义行为的容忍就比较高；有的边界人员将关系和工作分开，从而使其受关系影响对机会主义行为的容忍就比较低。更重视人际关系的边界人员，将人际关系看得更重，更赞成人与人之间讲人情、讲感情、照顾面子，受这些维度的关系成分影响，在处理组织之间关系时，更多带入个人关系的色彩，对待对方渠道成员采取的机会主义行为，往往“为情所困”，“不愿意撕破脸面”、割断个人感情，从而对渠道成员的机会主义行为具有更高的容忍度。反之，关系导向较低的边界人员，更喜欢采取“公对公”的解决问题的方式，较少受个人关系的影响，从而对对方渠道成员的机会主义行为，更能“放得下脸”，表现出对机会主义行为较低的容忍度。

（4）实证没有支持边界人员关系导向强化由于边界人员间信任对边界人员对机会主义行为的容忍。边界人员关系导向强化信任对机会主义行为容忍的影响的假设没有被实证支持。主要原因可能是渠道之间的信任，除了边界人员之间关系因素影响的善意信任，还包括了渠道成员之间的能力信任和正直因素。由于边界人员之间的信任对机会主义行为容忍的抑制效应可能来自能力和正直，而这两因素本身并不受边界人员个人关系导向的影响。由于受变量数量的限制，本书没有对边界人员的信任做善意、能力和正直等维度的划分，两个因素的影响并没有被纳入研究或对其采取措施进行控制，边界人员关系导向正向调节信任和机会主义行为容忍的效果最终也没有得到证实。

5.6　实证分析结果汇总及模型验证结果

本书的实证分析和假设检验结果汇总如表 5-28 所示。

表 5-28 模型假设检验汇总表

假设	内容	检验结果
边界人员间关系对边界人员对机会主义行为容忍影响的假设		
H_{1a}	边界人员间关系对边界人员之间基于个人对机会主义行为的容忍具有正向影响	支持
H_{1b}	边界人员间关系对边界人员之间基于工作对机会主义行为的容忍具有正向影响	支持
边界人员间关系对边界人员间信任影响的假设		
H_2	边界人员间关系对边界人员间人际信任具有正向影响	支持
边界人员间信任对边界人员对机会主义行为容忍影响的假设		
H_{3a}	边界人员间人际信任对边界人员之间基于个人对机会主义行为的容忍具有负向影响	支持
H_{3b}	边界人员间人际信任对边界人员之间基于工作对机会主义行为的容忍具有负向影响	支持
边界人员间信任的中介作用		
H_{4a}	边界人员间关系通过边界人员间信任影响其基于个人对机会主义行为的容忍	支持
H_{4b}	边界人员间关系通过边界人员间信任影响其基于工作对机会主义行为的容忍	支持
边界人员基于个人对机会主义行为容忍与机会主义行为影响的假设		
H_{5a}	边界人员基于个人对机会主义行为的容忍度对对方渠道成员强形式机会主义行为具有正向影响	支持
H_{5b}	边界人员基于个人对机会主义行为的容忍度对对方渠道成员弱形式机会主义行为具有正向影响	支持
边界人员基于工作对机会主义行为容忍与机会主义行为影响的假设		
H_{6a}	边界人员基于工作对机会主义行为的容忍度对对方渠道成员强形式机会主义行为具有正向影响	支持
H_{6b}	边界人员基于工作对机会主义行为的容忍度对对方渠道成员弱形式机会主义行为具有正向影响	支持
渠道依赖的调节作用		
H_{7a}	渠道依赖弱化边界人员间关系对边界人员基于个人对机会主义行为容忍的影响	支持
H_{7b}	渠道依赖弱化边界人员间关系对边界人员基于工作对机会主义行为容忍的影响	支持
H_{7c}	渠道依赖弱化边界人员间信任对边界人员基于个人对机会主义行为容忍的影响	支持
H_{7d}	渠道依赖弱化边界人员间信任对边界人员基于工作对机会主义行为容忍的影响	支持
边界人员关系导向的调节作用		
H_{8a}	边界人员关系导向强化边界人员间关系对边界人员基于个人对机会主义行为容忍的影响	支持
H_{8b}	边界人员关系导向强化边界人员间关系对边界人员基于工作对机会主义行为容忍的影响	支持
H_{8c}	边界人员关系导向强化边界人员间信任对边界人员基于个人对机会主义行为容忍的影响	不支持
H_{8d}	边界人员关系导向强化边界人员间信任对边界人员基于工作对机会主义行为容忍的影响	不支持

资料来源：根据实证研究整理而成

5.7 本章小结

本章是本书的实证部分。首先，对收集的 223 份有效问卷进行了描述性统计分析，分析样本的基本信息，同时对样本进行偏差分析，检验样本进行后续分析的可行性。

其次，采用 SPSS 统计分析软件，对所收集的调查问卷进行验证性因子分析，检验模型的信度和效度。检验结果显示，收集的数据对模型检验的信度效度良好，适合进行因子分析。

最后，采用 AMOS 和 SPSS 统计分析软件，对本书提出的研究模型进行路径分析、中介效应检验和调节效应检验。检验结果显示：主效应、中介效应和部分调节效应都通过了检验，有两个调节效应没有通过检验，本书提出的假设模型整体拟合效果良好。

第 6 章　研究结论及管理启示

本书从营销渠道边界人员间关系出发，通过理论分析和实证检验，探索在边界人员间信任的中介作用下，边界人员间关系对边界人员对机会主义行为容忍的作用，与其最终对营销渠道成员之间机会主义行为产生的影响。本章将对本书的研究结论进行总结，对本书对管理实践的启示进行讨论，并指出本书的局限和未来研究的方向。

6.1　主 要 结 论

鉴于目前营销渠道理论界对营销实践中客观存在的边界人员基于人际关系对机会主义行为容忍、最终产生不同类型的机会主义行为、影响营销渠道绩效的问题缺乏研究，本书在理论推演构建研究理论模型的基础上，通过问卷对经销商调查收集数据，检验理论模型和假设。

（1）由于边界人员之间私人关系的影响，营销渠道边界人员对机会主义行为容忍现象普遍存在。

在人情社会中，关系在人们的社会生活中扮演着重要的角色，人们交往过程中，讲人情、谈感情、照顾面子，这些关系因素渗透到人们的方方面面。不仅个人之间的交往和行为受到相互间关系的影响，使人们之间呈现不同的互动规范（依关系强度从弱到强体现为公平法则、人情法则、需求法则），而且人们的关系理念还渗透到社会生活的其他方面，如商业活动。营销渠道双方边界人员之间行为也不能摆脱关系的影响，特别是由于边界人员扮演不同的角色（个人角色和工作角色），受到不同的利益和关系作用，边界人员对渠道成员之间的机会主义行为的容忍现象客观存在。随着营销渠道边界人员间关系性质和强度发生变化，边界人员对机会主义行为的容忍度是不同的。随着渠道边界人员之间关系强度提高，边界人员不论基于个人还是基于工作对机会主义行为的容忍都会提高。本书不仅从理论上推导了边界人员间私人关系对边界人员对机会主义行为的容忍具有正向的影响，而且通过对经销商调研的实证研究也证明边界人员间私人关系显著地正向影响边界人员对机会主义行为的容忍。

（2）营销渠道边界人员之间关系对营销渠道边界人员对机会主义行为容忍的影响依路径不同而作用效果不同。

人们之间可能因为相互关系不同而对对方的负面行为持有容忍态度。另外，人们认为朋友是相互信任的，朋友之间不应该采取“背后捅刀”的行为，即人们可以通过建立较强的个人关系，培养相互之间更高程度的信任，从而避免相互之间的伤害行为，这反映在营销渠道中，就是组织之间通过建立个人之间良好关系而避免损人利己的机会主义行为。现有的研究也各执一词，有的认为营销渠道之间的关系可以抑制机会主义行为，有的认为关系存在寻租等阴暗面。本书通过实证研究证明，营销渠道边界人员间关系对边界人员对机会主义行为的容忍的影响，不仅存在关系对容忍的直接的正向影响，同时还存在边界人员间关系通过边界人员间信任而对机会主义行为容忍产生负向影响。也就是说，营销渠道边界人员间关系对机会主义行为容忍的直接正效应和间接负效应同时存在，正效应和负效应共同作用使边界人员间关系对机会主义行为容忍呈现正向影响。

（3）营销渠道边界人员对机会主义行为容忍的动机不同，导致渠道成员中产生的机会主义行为也不同。

营销渠道之间的物流、商流、资金流、信息流等流通功能，都主要依靠边界人员完成，营销渠道之间的连接主要依靠边界人员来建立和维系。渠道边界人员不仅扮演组织流通功能完成者、承担相应工作的角色，同时，在边界人员个人之间还扮演了个人关系联系的角色。边界人员基于扮演的不同角色，对机会主义行为的容忍也不同。另外，渠道成员中产生的机会主义行为的形式是多样化的。根据机会主义行为是否违背合同约定而分为强形式机会主义行为和弱形式机会主义行为。边界人员基于不同角色对机会主义行为不同的容忍，渠道中产生的机会主义行为也不同。本书通过实证验证了营销渠道边界人员基于个人和工作对机会主义行为的容忍，对渠道中发生的机会主义行为产生了不同的影响。对边界人员对机会主义行为容忍的不同动机导致不同形式机会主义行为的研究，丰富和深化了营销渠道关系的研究。

（4）营销渠道依赖程度对边界人员间关系对边界人员对机会主义行为容忍不同影响方式（路径）都具有影响。

营销渠道边界人员间关系对边界人员对机会主义行为的作用，作为边界人员个人行为方式的影响，还要受到组织层面的依赖程度的影响。如果渠道成员之间，（就组织层面而言）渠道依赖程度较高，被依赖的一方的边界人员在双方的交往过程中表现出心理地位优势，对对方渠道成员的行为就会表现出更少的容忍性。反之，如果渠道之间的依赖程度较低，受制于对方更加便利地离开现有渠道关系的可能性，渠道间边界人员就会对对方的机会主义行为表现出更高的容忍度。

从边界人员间关系通过边界人员之间人际信任影响边界人员对机会主义行为的容忍的角度看，如果渠道之间依赖程度较高，渠道边界人员之间的功利性更强，边界人员对对方功利性的感知，认为渠道对方成员更不应该背叛自己对其的信任，会使边界人员对机会主义行为的容忍降低。反之，如果营销渠道边界人员之间依赖程度较低，边界人员对相互之间更多是基于情感性的信任，这种信任会使边界人员对对方机会主义行为容忍度更高。由此可以看出，营销渠道之间依赖程度更高，总体上会降低边界人员间关系影响边界人员对机会主义行为容忍的程度，从而降低由于边界人员间关系而导致的渠道间机会主义行为。

（5）营销渠道边界人员关系导向对边界人员间关系对边界人员对机会主义行为的容忍作用具有调节作用，但对边界人员间信任对机会主义行为容忍的作用不具显著影响。

渠道成员之间的关系，需要通过渠道之间边界人员来建立和维系。边界人员个人性格等因素，不可避免地被带入渠道成员的活动中，使渠道成员之间的组织对组织的正式关系带有了更多人的感情色彩。如何处理人与人的关系，不同的人又由于个性等因素而表现不同。在人的个性各因素中，个人的关系导向是影响其由于关系而对机会主义行为容忍的重要因素。关系导向比较强的营销渠道边界人员，由于对人际关系比较重视，在处理渠道成员关系活动中，更多地受到渠道之间边界人员相互关系的影响。这种人际关系的影响，在对待渠道中机会主义行为时也会体现出来，表现为更多地受人际关系的影响而不愿意伤个人面子和感情而对机会主义行为抱以更高的容忍度。反之，关系导向比较弱的边界人员，受到相互之间人际因素的影响就小，对渠道成员间机会主义行为的容忍就低。

但是，由于信任中包含的维度并不是单一的，所以渠道边界人员个人关系导向对信任对机会主义行为容忍的影响效果就不明显。

6.2 管理启示

（1）营销渠道中机会主义行为，会受到边界人员对机会主义行为容忍的影响，管理实践中要尽量降低边界人员对机会主义行为的容忍。

边界人员个人在组织之间扮演着重要的角色，特别是边界人员基于不同的动机（个人和工作）对机会主义行为容忍产生较大影响，从而使渠道之间产生不同形式的机会主义行为。这就要求营销关系实践，在充分发挥人际关系在商业活动中的便利和带来的利益的同时，也要加强渠道关系监督，降低边界人员对机会主义行为的容忍，减少由于边界人员对机会主义行为容忍而对渠道关系和组织利益造成的损害。

（2）营销渠道边界人员间关系影响边界人员对机会主义行为的容忍，而且总体而言产生正向影响，渠道关系实践中应该尽量降低边界人员间关系造成的机会主义行为容忍行为。

人情社会的现实，决定了营销渠道中边界人员个人关系色彩比较浓厚，人情、感情、面子等因素无可避免地影响着人们的交往行为，从而也对组织关系和利益造成影响。营销渠道边界人员之间人际关系性质和强度对机会主义行为的影响，不可避免地存在负面的成分。在营销渠道管理实务中，这种因边界人员间关系造成的对机会主义行为的容忍，对渠道绩效具有负面的影响。营销管理部门在渠道边界人员管理过程中，不宜选择与对方边界人员有过于紧密关系的人选，以此控制边界人员对机会主义行为的容忍行为。通过对渠道直接管理人员的定期轮动，防止边界人员之间由于相处时间太长而导致对机会主义行为的容忍度太高。

（3）边界人员间关系在营销渠道机会主义行为中产生双刃剑的作用。

营销渠道边界人员之间关系对机会主义行为既有抑制作用的一面，又大量存在对机会主义行为容忍而放大机会主义行为发生概率的一面。边界人员对机会主义行为的容忍，可能是基于个人关系发生的，也可能是基于工作而发生的。营销关系实践活动中，对待边界人员间关系对机会主义行为的作用，需要趋利避害，发挥由于边界人员间信任而对机会主义行为容忍产生抑制的一面，同时尽量避免由于关系而产生对机会主义行为纵容的一面。例如，在营销渠道直接管理人员选择过程中，就需要选择善于沟通，能与人建立信任，但又具有高度的职业化素养、不会因个人关系而过度容忍渠道中的机会主义行为的人选。渠道中加强对边界人员对机会主义行为容忍现象的督察和处理力度，降低边界人员对机会主义行为的容忍度。

（4）提高渠道之间的依赖程度，降低边界人员对机会主义行为的容忍。

本书通过理论和实证证明了营销渠道之间依赖程度对边界人员间关系对边界人员对机会主义行为容忍通过两种渠道都具有抑制作用。在管理实践中，渠道管理者可以采取增强渠道对方成员对己方的依赖程度来达到降低边界人员对机会主义行为容忍的目的。例如，渠道设计者通过要求经销商开设专卖店、交纳适当保证金、进行渠道专有资产投资等方式提高组织间依赖程度。长期来看，通过提高品牌知名度、忠诚度等方式，提高渠道对方成员对己方的依赖程度，可以降低边界人员对机会主义行为的容忍，降低渠道中的机会主义行为。

（5）控制边界人员关系导向，降低边界人员对机会主义行为容忍。

本书证明边界人员个人导向对关系对机会主义行为容忍作用具有放大效应（强化效果）。对于渠道管理人员来说，通过员工招聘、遴选、培训等方式，加强对关系导向较强的渠道管理员工的组织管理，降低关系导向对渠道机会主义行为的影响。此外，渠道成员要改变过于依赖边界人员之间关系发展和维系组织之间关系的状况，尤其要重视关系导向强的渠道管理人员，对其加强教育，尽量避免或减轻渠道边界人员个人个性对机会主义行为的影响。

6.3 研究局限与未来研究展望

本书经过文献梳理、实践观察、模型建构、量表开发、问卷调查、数据分析、撰写等阶段，各阶段都尽量做到科学性与思想性的有机结合。但是，由于受各方面限制，本书还存在诸多局限，尚需在未来的研究中补充和完善。

1）研究议题

本书只基于边界人员之间关系，通过探索边界人员基于不同动机对机会主义行为的容忍现象，研究不同机会主义行为容忍产生的不同形式的机会主义行为。机会主义行为的容忍现象普遍存在，对机会主义行为容忍的影响因素很多。尽管目前对产品、成本、依赖等因素对机会主义行为的容忍也有了研究，但是还远远不够，本书基于边界人员间关系对机会主义行为的研究也只是其中一个局部，还存在大量的影响因素需要在未来的研究中予以补充完善。

2）研究工具

本书在广泛借鉴现有研究的基础上，通过科学的程序，对现有研究测项进行开发和修正。特别是边界人员基于不同角色对机会主义行为的容忍，现有的研究对机会主义行为容忍问题还不足，以至目前对机会主义行为的容忍还没有成熟的量表。本书结合实践、结合现有研究的相关构念，开发和完善了研究中的相关量表。但是，由于条件限制，研究中的核心概念测量可能存在一些不足之处，还需要在未来的研究中予以完善。

3）研究数据

本书的核心问题是营销渠道边界人员间人际关系对机会主义行为容忍影响，从而影响渠道之间机会主义行为。研究过程涉及渠道成员的双方，严格地看，应该从渠道成员双方的调查基础上开展研究。但是本书只从经销商一方收集相关数据，其中难免存在不完整的地方，所以基于单边收集的数据的研究可能存在研究偏误问题，这需要在未来的研究中予以补充和完善。

4）研究方式

渠道边界人员间关系变化是一个长期的过程，边界人员对机会主义行为的容忍也是过程性的、累积性的（而不是一次性的），边界人员之间的机会主义行为也是长期性的，这些因素要求对问题的研究需要长期化、动态化。本书对现有渠道关系的时点数据的收集和研究，无可避免地带有不完整性，这就需要在未来的研究中，引入多时点比较研究、动态研究等方法，使研究更全面、更完善。

参考文献

白如彬，周国华，谭德庆. 2013. 跨组织私人关系，组织间合作关系与组织速度竞争优势路径关系研究. 软科学，27（1）：91-95.

宝贡敏，刘枭. 2008. 关系理论研究述评. 技术经济，27（4）：109-115.

边燕杰. 1997. 市场转型与社会分化与权力. 北京：生活・读书・新知三联书店.

边燕杰. 1998. 找回强关系：中国的间接关系、网络桥梁和求职. 国外社会学，2：50-65.

边燕杰. 2010. 关系社会学及其学科地位. 西安交通大学学报（社会科学版），30（3）：1-6.

陈劲松，张剑渝，张斌. 2013. 社会资本对交易费用的作用：理论，机制和效果——基于机会主义行为治理视角的研究述评. 经济学动态，（12）：87-90.

陈晓萍，徐淑英，樊景立. 2012. 组织与管理研究的实证方法. 第2版. 北京：北京大学出版社.

董维维，庄贵军. 2013. 关系营销导向、关系状态与营销渠道中跨组织协调行为. 软科学，27（12）：31-35.

费孝通. 1948. 乡土中国. 台北：绿洲出版社.

费孝通. 1998. 乡土中国生育制度. 北京：北京大学出版社.

符加林. 2007. 企业声誉效应对联盟伙伴机会主义行为的约束研究. 浙江大学博士学位论文.

付晓蓉，唐小飞，阳知妹. 2011. 双归属维度的顾客信任与顾客价值的关系研究. 科研管理，（12）：112-118.

高维和，黄沛，王震国. 2006. 资产专用性、渠道异质性与渠道投机行为：基于中国汽车企业的实证. 财贸研究，（4）：102-109.

高维和，陈信康，江晓东. 2009. 声誉、心理契约与企业间关系：基于在华外资企业采购视角的研究. 管理世界，（8）：102-112.

郭国庆，孟捷，寇小萱. 2004. 顾客容忍区理论评述及扩展. 管理评论，16（8）：32-36.

韩巍，席酉民. 2001. 关系：中国商业活动的基本模式探讨. 西北大学学报（哲学社会科学版），31（1）：43-47.

侯杰泰，温忠麟，成子娟. 2004. 结构方程模型及其应用. 北京：教育科学出版社.

胡保玲. 2008a. 营销渠道成员间相互依赖关系的行为影响. 华中科技大学学报（社会科学版），22（5）：53-57.

胡保玲. 2008b. 边界人员私人关系及其对渠道关系的影响. 华东经济管理，22（7）：101-104.

胡保玲，沈鹏熠.2011.边界人员私人关系、权力运用与经销商绩效.兰州商学院，（5）：92-97.

黄光国. 1988. 人情与面子：中国人的权力游戏. 台北：巨流图书公司.

黄光国. 1991. 王者之道. 台北：台湾学生书局.

黄光国. 2004. 面子：中国人的权力游戏. 北京：中国人民大学出版社.

黄孝武. 2002. 企业间信任问题理论述评. 经济学动态，10：59-64.

纪春礼. 2011. 营销动态能力构成维度及其形成机理研究：基于中国国际化企业的实证检验. 南

开大学博士学位论文.
金杨华，吕福新. 2008. 关系取向与企业家伦理决策——基于“浙商”的实证研究. 管理世界，(8)：100-106.
李永锋. 2014. 相互依赖、信任对企业关系导向合作的影响分析. 财经理论与实践，35（5）：131-134.
李永强，李剑南，史亚莉. 2010. 社会网络视角下员工非道德行为研究述评. 经济学动态，(12)：141-144.
李永强，杨建华，白璇，等. 2012. 企业家社会资本的负面效应研究：基于关系嵌入的视角. 中国软科学，(10)：104-116.
李智超，罗家德. 2011. 透过社会网观点看本土管理理论. 管理学报，8（12）：1737-1747.
梁漱溟. 1987. 中国文化的要义. 上海：学林出版社.
刘涵慧，周洪雨，车宏生. 2010. 人格特征对不同类型框架下决策的影响. 心理科学，33（4）：823-826.
刘松博. 2008. 对社会资本和企业社会资本概念的再界定. 安徽大学学报（哲学社会科学版），31（6）：81-86.
刘松博，李婕. 2011. 国内组织间信任研究的新进展. 现代管理科学，(8)：38-40.
刘婷，刘益. 2012. 交易专项投资对伙伴机会主义行为影响的实证研究. 管理科学，25（1）：66-75.
刘婷，刘益，陶蕾. 2009. 交易机制与关系机制对营销渠道企业间合作的作用研究. 预测，28（4）：28-33.
刘艳菊.2011. 非正式组织中个体间的关系对隐性知识共享影响的实证研究.西安电子科技大学博士学位论文.
刘益，曹英. 2006. 关系稳定性与零售商感知的机会主义行为. 管理学报，3（1）：64-69.
罗海成. 2003. 服务容忍区管理：服务分类视角. 当代财经，(10)：61-64.
罗海成，范秀成. 2006. 基于心理契约的关系营销机制：服务业实证研究. 南开管理评论，8（6）：48-55.
罗家德. 2006. 华人的人脉——个人中心信任网络. 关系管理研究，(3)：1-24
罗家德. 2010. 社会网分析讲义. 第2版. 北京：社会科学文献出版社.
罗家德，王竞. 2010. 圈子理论——以社会网的视角分析中国人的组织行为. 战略管理，2（1）：12-24.
彭茜，庄贵军，周茵. 2012. 私人关系对营销人员灰色营销行为的影响作用：时机的调节作用. 预测，31（1）：8-13.
彭泗清. 1999. 信任的建立机制：关系运作与法制手段. 社会学研究，(2)：53-66.
钱丽萍，任星耀. 2012. 渠道关系中专项投资不对等与机会主义行为间关系研究——正式化、参与与私人关系的调节作用. 管理评论，(10)：73-84.
青木昌彦. 2001. 比较制度分析. 周黎安译. 上海：上海远东出版社.
任星耀，朱建宇，钱丽萍，等. 2012a. 渠道中不同机会主义的管理——合同的双维度与关系规范的作用研究. 南开管理评论，15（3）：12-21.
任星耀，朱建宇，钱丽萍. 2012b. 如何医治中毒的渠道关系——沟通与专项投资作用研究. 经济管理，34（6）：91-101.
寿志钢. 2004. 从交易成本透析关系营销. 社会科学研究，(5)：43-45.
寿志钢，苏晨汀，杨志林，等. 2008. 零售商的能力与友善如何影响供应商的关系行为. 管理世界，2：97-109.
寿志钢，杨立华，苏晨汀. 2011a .基于网络的组织间信任研究——中小企业的社会资本与银行信任. 中国工业经济，(9)：56-66.
寿志钢，朱文婷，苏晨汀，等. 2011b. 营销渠道中的行为控制如何影响信任关系——基于角色理论和公平理论的实证研究. 管理世界，(10)：58-69.
孙立新. 2012. 社会网络分析法：理论与应用. 管理学家：学术版，(9)：66-73.
谭科峰，赵黎明. 2007. 中国企业集群信任机制分析. 内蒙古农业大学学报（社会科学版），4：158-160.
唐小飞，鲁平俊，张梦，等. 2013. 基于大环境信任程度与资源禀赋的渠道治理决策研究：四川、浙江两省融资性担保公司的调查分析. 中国工业经济，(7)：95-107.
汪涛，郭锐. 2006. 商业友谊对关系品质和顾客忠诚的影响之研究. 商业经济与管理，(9)：35-41.
汪涛，秦红. 2006. 专用性投资对机会主义的影响——以汽车行业4S专营店为例. 管理科学，19(2)：22-32.
王国才，许景，王希凤. 2010. 渠道成员间为什么需要"同舟共济"？——双边专用性投资的作用机理研究. 经济管理，32（10）：86-95.
王国才，刘栋，王希凤. 2011. 营销渠道中双边专用性投资对合作创新绩效影响的实证研究. 南开管理评论，14（6）：85-94.
王霞. 2005. 价格满意对价格容忍度的影响研究. 清华大学博士学位论文.
王晓玉. 2006. 边界管理人员关系与企业间关系——信任的核心作用. 管理学报，3(6)：728-732.
王晓玉. 2013. 边界人员互动特征对分销商满意度的影响. 当代经济管理，(2)：17-23.
王晓玉，晁钢令. 2006. 私人关系、契约关系对企业间两层次信任的影响——来自家电分销渠道的实证分析. 上海管理科学，28（5）：5-8.
王晓玉，晁钢令. 2007. 中国市场上私人关系对企业间关系的影响——基于企业间核心关系变量的实证分析. 当代经济管理，29（1）：37-40.
王欣欣. 2008. 基于FCMs的供应链内企业间信任机制仿真研究. 北京工业大学硕士学位论文.
王颖，王方华. 2008. 组织间信任的作用机理：一个理论模型. 科技进步与对策，25（5）：37-41.
温忠麟，侯杰泰，张雷. 2005. 调节效应与中介效应的比较和应用. 心理学报，37（2）：268-274.
文崇一. 1989. 中国人的价值观. 台北：东大图书公司.
文崇一，杨国枢，吴聪贤，等. 1982. 社会及行为科学研究法. 台北：东华书局.
吴明隆. 2003. 统计应用实务. 北京：科学出版社.
吴明隆. 2010. 问卷统计分析实务——SPSS操作与应用. 重庆：重庆大学出版社.
吴明隆. 2012. 结构方程模型——AMOS的操作与应用. 第2版. 重庆：重庆大学出版社.
吴中伦，陈万明，沈春光. 2010. 组织间信任，渠道伙伴关系与企业绩效的实证研究. 工业技术经济，29（5）：60-66.
徐金发，刘靓. 2004a. 企业声誉定义及测量研究综述. 外国经济与管理，(9)：25-30.
徐金发，刘靓. 2004b. 社会问题管理领域的声誉研究. 经济管理，(16)：21-26.
薛佳奇，刘益，张磊，等. 2011. 竞争关系下制造商专项投资对分销商机会主义行为的影响. 管理评论，23（9）：76-85.
严兴全，周庭锐，李雁晨. 2011. 信任、承诺、关系行为与关系绩效：买方的视角. 管理评论，(3)：71-81.
杨国枢. 1988. 中国人的心理. 台北：桂冠图书股份有限公司.

杨国枢. 2004. 中国人的心理与行为的本土化研究. 北京：中国人民大学出版社.
叶飞，吴佳，吕晖，等. 2011. 高管私人关系对供应商信息共享的作用机理研究——以组织间的信任为中介. 科学学与科学技术管理，32（6）：140-149.
曾五一，黄炳艺. 2006. 调查问卷的可信度和有效度分析. 统计与信息论坛，20（6）：11-15.
翟森竞，黄沛，高维和. 2008. 渠道关系中的感知不公平研究——基于心理契约及不公平容忍区域的视角. 南开管理评论，(6)：86-93.
张闯，杜楠. 2012. 企业社会资本对渠道权力与依赖的影响. 商业经济与管理，(1)：43-50.
张闯，张双俐. 2014. 契约治理机制与渠道投机行为：关系营销导向的作用. 商业经济与管理，268（2）：58-65.
张剑渝. 2005. 营销渠道——关系视角下的解读. 成都：西南财经大学出版社.
张维迎. 1996. 所有制、治理结构及委托-代理关系——兼评崔之元和周其仁的一些观点. 经济研究，31（9）：3-15.
周小虎. 2005. 企业理论的社会资本逻辑. 中国工业经济，(3)：84-91.
朱廷劭，李昂，宁悦，等. 2011. 网络社会中个体人格特征及其行为关系. 兰州大学学报，39(5)：44-51.
祝足，黄培清，郑伟军. 1998. 容忍作为控制手段及其他. 经济研究，8：13-20.
庄贵军. 2012a. 营销渠道中的人际关系与跨组织合作关系：概念与模型. 商业经济与管理，(1)：25-33.
庄贵军. 2012b. 基于渠道组织形式的渠道治理策略选择：渠道治理的一个新视角. 南开管理评论，(6)：72-84.
庄贵军. 2013. 营销渠道中人际关系到跨组织合作关系：人情的调节作用. 预测，(1)：17-22.
庄贵军，周筱莲. 2002. 权力、冲突与合作：中国工商企业之间渠道行为的实证研究. 管理世界，(3)：117-124.
庄贵军，席酉民. 2003. 关系营销在中国的文化基础. 管理世界，(10)：98-109.
庄贵军，席酉民. 2004. 中国营销渠道中私人关系对渠道权力使用的影响. 管理科学学报，7(6)：52-62.
庄贵军，刘宇. 2010. 渠道投机行为的相互性以及交易专有资产的影响. 管理科学，(6)：43-52.
庄贵军，周南，周筱莲，等. 2006. 信任，承诺意愿与满意：文化差异在跨文化营销渠道行为中的影响. 中国管理学年会（首届）.
庄贵军，席酉民，周筱莲. 2007. 权力、冲突、合作——中国营销渠道中私人关系的影响作用. 管理科学，(3)：38-47.
庄贵军，周南，苏晨汀，等. 2008a. 社会资本与关系导向对于营销渠道中企业之间沟通方式与策略的影响. 系统工程理论与实践，28（3）：1-15.
庄贵军，李珂，崔晓明. 2008b. 关系营销导向与跨组织人际关系对企业关系型渠道治理的影响. 管理世界，7：77-90.
Williamson O E，高彦彦，陈英武.2007. 交易成本经济回顾. 南大商学评论，(2)：179-193.
Adrian P，Martin C，Moira C，et al. 1995. Relationship Marketing for Competitive Advantage. Oxford：Butterworth-Heinemann.
Aiken L S，West S G，Reno R R. 1991. Multiple Regression：Testing and Interpreting Interactions. Los Angeles：Sage.
Alchian A A，Demsetz H P. 1972. Information costs，and economic organization. The American

Economic Review，62（5）：777-795.

Alexandra J C. 1997. What affects expectations of mutuality in business relationship? Journal of Marketing Theory and Practice，5（4）：1-12.

Allen T D. Poteet M L，Russell J E，et al.1997. A field study of factors related to supervisors' willingness to mentor others. Journal of Vocational Behavior，50（1）：1-22.

Anderson E，Weitz B. 1992. The use of pledges to build and sustain commitment in distribution channels. Journal of Marketing Research，29（1）：18-34.

Anderson E W. 1996. Customer satisfaction and price tolerance. Marketing Letters，7（3）：265-274.

Antia K D，Bergen M E，Dutta S，et al. 2006. How does enforcement deter gray market incidence?Journal of Marketing，70（1）：92-106.

Arenius P，de Clercq D. 2005. A network-based approach on opportunity recognition. Small Business Economics，24（3）：249-265.

Argyris C. 1960. Understanding Organizational Behavior. London：Tavistock Publications.

Armstrong M. 2001. The Theory of Access Pricing and Interconnection.Amsterdam：Nuffield College.

Armstrong W R，Siew M Y. 2001. Do Chinese trust Chinese? A study of Chinese buyers and sellers in Malaysia. Journal of International Marketing，9（3）：63-86.

Arnett D B，German S D，Hunt S D. 2003. The identity salience model of relationship marketing success：the case of nonprofit marketing. Journal of Marketing，67（2）：89-105.

Ashill N J，Jobber D. 2010. Measuring state，effect，and response uncertainty：theoretical construct development and empirical validation. Journal of Management，36（5）：1278-1308.

Axelrod R. 1984. The Evolution of Cooperation. New York：Basic Books.

Barnes J A. 1954. Class and committees in a norwegian island parish. Human Relations，17：39-58.

Baron J. 1986. Tradeoffs among reasons for action. Journal for the Theory of Social Behaviour，16（2）：173-195.

Baron R M，Kenny D A. 1986.The moderator-mediator variable distinction in social psychological research：conceptual，strategic，and statistical considerations. Journal of Personality and Social Psychology，51（6）：1173.

Bergen M，Heide J B，Dutta S. 1998. Managing gray markets through tolerance of violations：a transaction cost perspective. Managerial and Decision Economics，19（3）：157-165.

Blancero D，Ellram L. 1997. Strategic supplier partnering：a psychological contract perspective. International Journal of Physical Distribution and Logistics Management，27（9~10）：616-629.

Boon S D，Holmes J G. 1991. The dynamics of interpersonal trust：resolving uncertainty in the face of risk//Hinde R A，Groebel J. Cooperation and Prosocial Behavior. Cambrideg：Cambridge University Press：190-211.

Borys B，Jemison D B. 1989. Hybrid arrangements as strategic alliances：theoretical issues in organizational combinations. Academy of Management Review，14（2）：234-249.

Boyle B，Dwyer F R，Robicheaux R A，et al. 1992. Influence strategies in marketing channels：measures and use in different relationship structures. Journal of Marketing Research，29（4）：462-473.

Brown J R，Lusch R F，Nicholson C Y. 1996. Power and relationship commitment：their impact on marketing channel member performance. Journal of Retailing，71（4）：363-392.

Brown J R, Dev C S, Lee D J. 2000. Managing marketing channel opportunism: the efficacy of alternative governance mechanisms. Journal of Marketing, 64(2): 51-65.

Brown J R, Cobb A T, Lusch R F. 2006. The roles played by interorganizational contracts and justice in marketing channel relationships. Journal of Business Research, 59 (2): 166-175.

Brown J R, Crosno J L, Dev C S. 2009. The effects of transaction-specific investments in marketing channels: the moderating role of relational norms. The Journal of Marketing Theory and Practice, 17 (4): 317-334.

Burt R S. 1992. Structural Holes: The Social Structure of Competition. Cambridge: Harvard University Press.

Butler Jr J K, Cantrell R S. 1984. A behavioral decision theory approach to modeling dyadic trust in superiors and subordinates. Psychological Reports, 55 (1): 19-28.

Cannon J P, Achrol R S, Gundlach G T. 2000. Contracts, norms, and plural form governance. Journal of the Academy of Marketing Science, 28 (2): 180-194.

Caroline G, Sheelagh M. 2001. The termination of interfirm relationships. Journal of Business and Industrial Marketing, 16 (2): 94-102.

Carolyn Y N, Larry D C, Rajesh S. 2001.The role of interpersonal liking in building trust in long-term channel relationships. Journal of the Academy of Marketing Science, 29 (1): 3-16.

Chen C C, Chen Y R, Xin K. 2004. Guanxi practices and trust in management: a procedural justice perspective. Organization Science, 15 (2): 200-209.

Chen X P, Chen C C. 2004. On the intricacies of the Chinese guanxi: a process model of guanxi development. Asia Pacific Journal of Management, 21 (3): 305-324.

Coase R H.1937.The nature of firm. Economic New Series, 4 (16): 386-405.

Coleman J S. 1990. Foundations of Social Theory. Cambridge: Harvard University Press.

Cook J, Wall T. 1980. New work attitude measures of trust, organizational commitment and personal nonfulfillment. Journal of Occupational Psychology, 53: 39-52.

Corey E R, Cespedes F V, Rangan V K, et al.1989. Going to Market: Distribution Systems for Industrial Products. Boston: Harvard Business School Press .

Cullinane N, Dundon T. 2006. The psychological contract: a critical review. International Journal of Management Reviews, 8 (2): 113-129.

Dasgupta P. 1988. Trust as a commodity // Gambetta D.Trust. New York: Basil Blackwell: 213-238.

Deutsch M. 1958. Trust and suspicion. Journal of Conflict Resolution, 2 (2): 265-279.

Doney M P, Joesph P C. 1997. An examination of the nature of trust in buyer-seller relationships. Journal of Marketing, 61 (1): 35-52.

Dow G K. 1987. The function of authority in transaction cost economics. Journal of Economic Behavior and Organization, 8 (1): 13-38.

Dutta S, Bergen M, John G. 1994. The governance of exclusive territories when dealers can bootleg. Marketing Science, 13 (1): 83-99.

Dutta S, Heide J B, Bergen M. 1999. Vertical territorial restrictions and public policy: theories and industry evidence. The Journal of Marketing, 63 (4): 121-134.

Dutta S, Bergen M, Heide J B, et al. 1995. Understanding dual distribution: the case of reps and house accounts. Journal of Law Economics and Organization, 11 (1): 189-204.

Dwyer F R，Gassenheimer J B. 1992. Relational roles and triangle dramas：effects on power play and sentiments in industrial channels. Marketing Letters，3（2）：187-200.

Dwyer F R, Schurr P H, Oh S. 1987. Developing buyer-seller relationships. The Journal of Marketing，51（2）：11-27.

Dyer J H，Singh H. 1998. The relational view：cooperative strategy and sources of interorganizational competitive advantage. Academy of Management Review，23（4）：660-679.

Dyer J H，Chu W. 2003. The role of trustworthiness in reducing transaction costs and improving performance：empirical evidence from the United States, Japan, and Korea. Organization science，14（1）：57-68.

Dyer J，Chu W. 2011. The determinants of trust in supplier-automaker relations in the US，Japan，and Korea：a retrospective. Journal of International Business Studies，42（1）：28-34.

Eby L T，Dobbins G H. 1997. Collectivistic orientation in teams：an individual and group-level analysis. Journal of Organizational Behavior，18（3）：275-295.

Elfring T，Hulsink W. 2003. Networks in entrepreneurship：the case of high-technology firms. Small Business Economics，21（4）：409-422.

Evan W M. 1966. The Organization-set：toward a theory of interorganizational relations//Thompson J D.Approaches to Organizational Design. Pittsburgh：University of Pittsburgh Press.

Fan Y. 2002. Questioning guanxi：definition，classification and implications. International Business Review，11（5）：543-561.

Fan Y H, Woodbine G, Scully G. 2012. Guanxi and its influence on the judgments of Chinese auditors. Asia Pacific Business Review，18（1）：83-97.

Fein A J，Anderson E. 1997. Patterns of credible commitments：territory and brand selectivity in industrial distribution channels. The Journal of Marketing，61（2）：19-34.

Flynn B B，Sakakibara S，Schroeder R G，et al. 1990. Empirical research methods in operations management. Journal of Operations Management，9（2）：250-284.

Fombrun C J，van Riel C B M. 2004. Fame and fortune：how successful companies build winning reputations. Corporate and Reputation Review，6（4）：390-395.

Frazier G L. 1999. Organizing and managing channels of distribution. Journal of the Academy of Marketing Science，27（2）：226-240.

Frost T，Stimpson D V，Maughan M R. 1978. Some correlates of trust. The Journal of Psychology：Interdisciplinary and Applied，99（1）：103.

Fukuyama F. 2001. Social capital，civil society and development. Third World Quarterly，22（1）：7-20.

Gabarro J J. 1978. The development of trust，influence，and expectations. Interpersonal behavior：Communication and Understanding in Relationships，290：303.

Ghiselli E E，Campbell J P，Zedeck S. 1981. Measurement Theory for the Behavioral Sciences. San Francisco：Freeman.

Ghosh M，John G. 1999. Governance value analysis and marketing strategy. The Journal of Marketing，63（4）：131-145.

Golicic S L，Mentzer J T. 2005. Exploring the drivers of interorganizational relationship magnitude. Journal of Business Logistics，26（2）：47-72.

Granovetter M S. 1973. The strength of weak ties. American Journal of Sociology, 78 (6): 1360-1380.

Gross J. 1958. Studies on the formation of collagen Ⅰ. properties and fractionation of neutral salt extracts of normal guinea pig connective tissue. The Journal of Experimental Medicine, 107(2): 247-263.

Grossman S J, Hart O D. 1986. The costs and benefits of ownership: a theory of vertical and lateral integration. The Journal of Political Economy, 94 (4): 691-719.

Hagg I, Johanson J. 1983. Firms in Networks: A New View of Competitive Power. Stockholm: Business and Social Research Institute.

Hansen M T. 1999. The search-transfer problem: the role of weak ties in sharing knowledge across organization subunits. Administrative Science Quarterly, 44 (1): 82-111.

Hardin R. 2001. Conceptions and explanations of trust. Trust in Society, 2: 3-40.

Hart K M, Capps H R, Canagemi J P. 1986. Exploring organizational trust and its multiple dimensions: a case study of of general motors. Organization Development Journal, 4(2): 31-39.

Heide J B. 1994. Interorganizational governance in marketing channels. Journal of Marketing, 58(1): 71-85.

Heide J B. 2003. Plural governance in industrial purchasing. Journal of Marketing, 67 (4): 18-29.

Heide J B, John G. 1992. Do norms matter in marketing relationships? Journal of Marketing, 56(2): 32-44.

Heide J B, Wathne K H. 2006. Friends, business-people, and relationship roles: a conceptual framework and a research agenda. Journal of Marketing, 70 (3): 90-103.

Heide J B, Dutta S, Bergen M. 1998. Exclusive dealing in channels of distribution: a business efficiency Perspective. Journal of Law and Economics, 41 (2): 387-408.

Hibbard J D, Kumar N, Stern L W. 2001. Examining the impact of destructive acts in marketing channel relationships. Journal of Marketing Research, 38 (1): 45-61.

Hirschman A O. 1970. Exit, Voice, and Loyalty: Responses to Decline in Firms, Organizations, and States.Cambridge: Harvard University Press.

Hosmer L T. 1995. Trust: the connecting link between organizational theory and philosophical ethics. Academy of Management Review, 20 (2): 379-403.

Hwang K K. 1987. Face and favor: the Chinese power game. American Journal of Sociology, 92: 944-974.

Jap S D, Ganesan S. 2000. Control mechanisms and the relationship life cycle: implications for safeguarding specific investments and developing commitment. Journal of Marketing Research, 37 (2): 227-245.

Jap S D, Manolis C, Weitz B A. 1999. Relationship quality and buyer-seller interactions in channels of distribution. Journal of Business Research, 46 (3): 303-313.

Jarillo J C, Ricart J E. 1987. Sustaining networks. Interfaces, 17 (5): 82-91.

John G. 1984. An empirical investigation of some antecedents of opportunism in a marketing channel. Journal of Marketing Research, 21 (3): 278-289.

Johnston R. 1995. The zone of tolerance: exploring the relationship between service transactions and satisfaction with the overall service. International Journal of Service Industry Management,

6 (2): 46-61.

Jones A P, James L R, Bruni J R.1975. Perceived leadership behavior and employee confidence in the leader as moderated by job involvement. Journal of Applied Psychology, 60 (1): 146.

Joshi A W, Stump R L. 1999. The contingent effect of specific asset investments on joint action in manufacturer-supplier relationships: an empirical test of the moderating role of reciprocal asset investments. Journal of the Academy of Marketing Science, 27 (3): 291-305.

Kahneman D, Tversky A. 1979. Prospect theory: an analysis of decision under risk. Econometrica: Journal of the Econometric Society, 47 (2): 263-291.

Kamen J M, Toman R J. 1970. Psychophysics of prices. Journal of Marketing Research, 7(1): 27-35.

Kennedy J R, Thirkell P C. 1988. An extended perspective on the antecedents of satisfaction. Journal of Consumer Satisfaction, Dissatisfaction and Complaining Behavior, 1: 2-9.

Kenneth J A, kurz M. 1971. Essays in the Theory of Risk Bearing. Chicago: Markham Publication.

Kline R B. 2004. Beyond Significance Testing: Reforming Data Analysis Methods in Behavioral Research. Washington: American Psychological Association.

Kline R B. 2010. Principles and Practices of Structural Equation Modeling. New York: The Guilford Press.

Kotter J P. 1973. The psychological contract: managing the joining-up process. California Management Review, 15 (3): 91-99.

Krackhardt D. 1992. The strength of strong ties: the importance of philos in organizations. Networks and Organizations: Structure, Form, and Action, 216: 239.

Kramer R. 1998. Paranoid cognition in social systems: thinking and acting in the shadow of doubt. Personality and social Psychology Review, 2 (4): 251-275.

Kumar N, Scheer L K, Steenkamp J B E M. 1998. Interdependence, punitive capability, and the reciprocation of punitive actions in channel relationships. Journal of Marketing Research, 35(2): 225-235.

Lafferty B A, Goldsmith R E. 1999. Corporate credibility's role in consumers' attitudes and purchase intentions when a high versus a low credibility endorser is used in the ad. Journal of Business Research, 44 (2): 109-116.

Larzelere R E, Huston T L. 1980. The dyadic trust scale: toward understanding interpersonal trust in close relationships. Journal of Marriage and the Family, 42 (3): 595-604.

Lee D Y, Dawes P L. 2005. Guanxi, trust, and long-term orientation in Chinese business markets. Journal of International Marketing, 13 (2): 28-56.

Lewicki R J, Bunker B B. 1995. Trust in Relationships: A Model of Development and Decline. San Francisco: Jossey-Bass.

Li J, Wright P.1999. The issue of guanxi: discrpancies, reality and implaications. Business Research Center Working Paper. Hong Kong Baptist University.

Lichtenstein D R, Bloch P H, Black W C. 1988. Correlates of price acceptability. Journal of Consumer Research, 15 (2): 243-252.

Lovett S, Simmons L C, Kali R. 1999. Guanxi versus the market: ethics and efficiency. Journal of International Business Studies, 30 (2): 231-247.

Luo J D. 2005. Particularistic trust and general trust: a network analysis in Chinese organizations.

Management and Organizational Review，3：437-458.
Luo Y. 1997. Guanxi and performance of foreign-invested enterprises in China：an empirical inquiry. Management International Review，37：51-70.
Luo Y. 2002. Partnering with foreign firms：how do chinese managers view the governance and importance of contracts? Asia Pacific Journal of Management，19（1）：127-151.
Luo Y. 2006. Opportunism in inter-firm exchanges in emerging markets. Management and Organization Review，2（1）：121-147.
Luo Y，Huang Y，Wang S L.2012. Guanxi and organizational performance：a meta-analysis. Management and Organization Review，8（1）：139-172.
Lusch R F，Brown J R. 1996. Interdependency，contracting，and relational behavior in marketing channels. The Journal of Marketing，60（4）：19-38.
Ma R，Huang Y C. 2008. Social network and opportunity recognition：a cultural perspective. Academy of Managementt Proceedings，1（6）：1-6.
MacNeil I R. 1978. Contracts：adjustments of long-term economic relations under classical，neoclassical and relational contract law. Northwestern University Law Review，72(6)：854-905.
MacNeil I R. 1980. The New Social Contract. New Haven：Yale University Press.
MacNeil I R. 1981. Economic analysis of contractual relations：its shortfalls and the need for a "rich classificatory apparatus". Northwestern University Law Review，75（6）：1018-1063.
Mayer D，Salovey P. 1995. Emotional intelligence and the construction and regulation of feelings. Applied and Preventive Psychology，4：197-208.
Mayer R C，Davis J H，Schoorman F D.1995. An integration model of organization trust. The Academy of Management Review，20（3）:709-734.
McKnight D H，Chervany N L. 2001. Conceptuallizing trust：a typlogy and e-commence customer relationships model.Proceedings of the 34th Annual Hawaii International Conference on IEEE.
McKnight D H，Choudhury V，Kacmar C. 2002a. The impact of initial consumer trust on intentions to transact with a web site：a trust building model. The Journal of Strategic Information Systems，11（3）：297-323.
McKnight D H，Choudhury V，Kacmar C. 2002b. Developing and validating trust measures for e-commerce：an integrative typology. Information Systems Research，13（3）：334-359.
Mead G H. 1934. Mind，Self，and Society. Chicago：University of Chicago Press.
Murry J P，Heide J B. 1998. Managing promotion program participation within manufacturer-retailer relationships. Journal of Marketing，62（1）：58-69.
Nooteboom B. 1996. Trust，opportunism and governance：a process and control model. Organization Studies，17（6）：985-1010.
Nwokoye N G. 1975a. Subjective judgments of price：the effects of price parameters on adaptation levels. Proceedings of Fall Conference.
Nwokoye N G. 1975b. An experimental study of the relationship between responses to price changes and the price level for shoes. Advances in Consumer Research，2（1）：693-704.
Palay T M. 1984.Comparative institutional economics：the governance of rail freight contracting. The Journal of Legal Studies，13（2）：265-287.
Parasuraman A，Berry L L，Zeithaml V A. 1991a. Refinement and reassessment of the servqual scale.

Journal of Retailing，67（4）：420-450.

Parasuraman A，Berry L L，Zeithaml V A. 1991b. Understanding customer expectations of service. Sloan Management Review，32（3）：39-48.

Parasuraman A，Zeithaml V A，Berry L L. 1994. Alternative scales for measuring service quality：a comparative assessment based on psychometric and diagnostic criteria. Journal of retailing，70（3）：201-230.

Parkhe A. 1993. Strategic alliance structuring：a game theoretic and transaction cost examination of interfirm cooperation. Academy of Management Journal，36（4）：794-829.

Pashigian B P，Bowen B. 1994. The rising cost of time of females，the growth of national brands and the supply of retail services. Economic Inquiry，32（1）：33-65.

Ping R A. 1993. The effects of satisfaction and structural constraints on retailer exiting，voice，loyalty，opportunism，and neglect. Journal of Retailing，69（3）：320-352.

Poiesz T B C，Bloemer J M M. 1991. Customer （dis） satisfaction with the performance of products and services-the applicability of the（dis）confirmation paradigm. Marketing Thought Around the World，2：446-462.

Polanyi K，Arensberg C M，Pearson H W. 1957. Trade and Market in the Early Empires. New York：Free Press.

Poppo L，Zenger T. 2002. Do formal contracts and relational governance function as substitutes or complements? Strategic Management Journal，23（8）：707-725.

Portes A. 1995. The Economic Sociology of Immigration：Essays on Networks，Ethnicity，and Entrepreneurship. New York：Russell Sage Foundation.

Portes A. 2000. Social capital：its origins and applications in modern sociology//Eric L. Knowledge and Social Capital. Boston：Butterworth-Heinemann：43-67.

Portes A，Sensenbrenner J. 1993. Embeddedness and immigration：notes on the social determinants of economic action. American Journal of Sociology，98(6)：1320-1350.

Ratnasingam P. 2003. Inter-organizational-trust in business to business e-commerce：a case study in customs clearance. Journal of Global Information Management，11（1）：1-19.

Rindfleisch A，Heide J B. 1997. Transaction cost analysis：past，present，and future applications. Journal of Marketing，61（4）：30-45.

Robinson S L. 1996. Trust and breach of the psychological contract. Administrative Science Quarterly，41（4）：574-599.

Roehling M V. 1997. The origins and early development of the psychological contract construct. Journal of Management History，3（2）：204-217.

Rokkan A I，Heide J B，Wathne K H. 2003. Specific investments in marketing relationships：expropriation and bonding effects. Journal of Marketing Research，40（2）：210-224.

Rousseau D M. 1989. Psychological and implied contracts in organizations. Employee Responsibilities and Rights Journal，2（2）：121-139.

Rousseau D M. 1990. New hire perceptions of their own and their employer's obligations：a study of psychological contracts. Journal of Organizational Behavior，11（5）：389-400.

Sako M. 1992. Price，Quality and Trust：Inter-firm Relations in Britain and Japan. London：Cambridge University Press.

Sarbin T R，Allen V L.1968. Role theory.Handbook of Social Psychology，（2）：488-657.

Schoorman F D，Mayer R C，Davis J H. 2007. An integrative model of organizational trust：past，present，and future. Academy of Management Review，32（2）：344-354.

Seggie S H，Griffith D A，Jap S D. 2013. Passive and active opportunism in interorganizational exchange. Journal of Marketing，77（6）：73-90.

Simmel G. 1955. Conflict and the Web of Group Affiliations. 3th ed. Glencoe：Free Press.

Simon H A. 1957. Models of man：social and rational.Book Review，5（5）：728-730.

Sitkin S B，Roth N L. 1993. Explaining the limited effectiveness of legalistic "remedies" for trust / distrust. Organization Science，4（3）：367-392.

Snell R，Tseng C.2011.Moral atmosphere and moral influence under China's network capitalism. Organization Studies，23（3）：449-478.

Solomon L. 1960. The influence of some types of power relationships and game strategies upon the development of interpersonal trust. The Journal of Abnormal and Social Psychology，61（2）：223.

Solomon M R，Surprenant C，Czepiel J A，et al. 1985. A role theory perspective on dyadic interactions：the service encounter. The Journal of Marketing，49（1）：99-111.

Spranca M，Minsk E，Baron J. 1991. Omission and commission in judgment and choice. Journal of Experimental Social Psychology，27（1）：76-105.

Standifird S S，Marshall R S. 2000. The transaction cost advantage of guanxi-based business practices. Journal of World Business，35（1）：21-42.

Stefan S. 2008. Health and marketing：the emergence of a new field of research. International Journal of Research in Marketing，（25）：229-233.

Strickland L H. 1958. Surveillance and trust. Journal of Personality，26（2）：200-215.

Su C，Littlefield J E. 2001. Entering guanxi：a business ethical dilemma in mainland China? Journal of Business Ethics，33（3）：199-210.

Sugarman D B. 1986. Active versus passive euthanasia：an attributional analysis. Journal of Applied Social Psychology，16（1）：60-76.

Telser L G. 1980. A theory of self-enforcing agreements. Journal of Business，53（1）：27-44.

Tenenhaus M，Vinzi V E，Chatelin Y M，et al. 2005. PLS path modeling. Computational Statistics and Data Analysis，48（1）：159-205.

Tsang E W K. 1998. Can guanxi be a source of sus-tained competitive advantage for doing business in China? Academy of Management Executive，12（2）：64-73.

Tsang E W K. 1999. The knowledge transfer and learning aspects of international HRM：an empirical study of singapore MNCs. International Business Review，8（5）：591-609.

Vanitha S，Christine M. 2009. Marketing alliances，firm networks，and firm value creation. Journal of Marketing，73：52-69.

Vincenzo P，Akbar Z，McEvily B.2003.Free to be trusted? Organizational constraints on trust in boundary spanner. Organizational Science，14（1）：422-439.

Waldinger R. 1995. The "other side" of embedded ness：a case-study of the interplay of economy and ethnicity. Ethnic and Racial Studies，18（3）：555-580.

Wang C L.2007.Guanxi VS relationship marketing：exploring underlying differences. Industrial Marketing Management，36：81-86.

Wathne K H, Heide J B. 2000. Opportunism in interfirm relationships: form, outcomes, and solutions. Journal of Marketing, 64 (4): 36-51.

Weitz B A, Jap S D. 1995. Relationship marketing and distribution channels. Journal of the Academy of Marketing Science. 23 (4): 305-320.

Williamson O E. 1975. Markets and Hierarchies: Analysis and Antitrust Implications. New York: Free Press.

Williamson O E.1979. Transaction cost economics: the governance of contractual relations. Journal of Law and Economics, 22 (1): 223-261.

Williamson O E. 1981. The economics of organization: the transaction cost approach. American Journal of Sociology, 87 (3): 548-577.

Williamson O E. 1985. The Economic Intstitutions of Capitalism. New York: Free Press.

Williamson O E.1991. "Comparative economics organization: the analysis of discrete structural alternatives" .Administration Science Quarterly, 36 (2): 269-296.

Williamson O E.1993. Caculativens, trust, and economic organization. Journal of Law and Economics, 36 (1): 453-486.

Williamson O E. 1996. The Mechanisms of Governance. New York: Oxford University Press.

Williamson O E, Ouchi W G. 1980. The markets and hierarchies program of research: origins, implications, prospects. University of Pennsylvania, Center for the Study of Organizational Innovation.

Woodruff R B, Cadotte E R, Jenkins R L. 1983. Modeling consumer satisfaction processes using experience-based norms. Journal of Marketing Research, 20 (3): 296-304.

Wuyts S. 2007. Extra-role behavior in buyer-supplier relationships. International Journal of Research in Marketing, 24 (4) :301-311.

Wuyts S, Geyskens I. 2005. The formation of buyer-supplier relationships: detailed contract drafting and close partner selection. Journal of Marketing, 69: 103-117.

Wuyts S, Dutta S, Stremersch S. 2004. Portfolios of interfirm agreements in technology-intensive markets: consequences for innovation and profitability. Journal of Marketing, 68: 88-100.

Wuyts S, Stremersch S, Christophe V D B,et al. 2004. Vertical marketing systems for complex products: a triadic perspective. Journal of Marketing Research, 41: 479-487.

Yang K S.1993. Chinese social orientation: an integrative analysis. Chinese Societies and Mental Health, 9 (11): 19-39.

Yi L M, Ellis P .2000. Insider and outsider perspective of guanxi.Business Horizions, 43 (1): 25-30.

Zaheer A, McEvily B, Perron E. 1988. Does trust exploring the effects of interorganizational and interpersomal trust on performance. Organization Science, 9 (2): 141-159.

Zeithaml V, Berry L L, Parasuraman A.1993. The nature and determinants of consumer expectations of severice. Journal of Academy of Marketing Science, 21 (1): 1-12.

附　录

调查问卷

尊敬的先生/女士：

您好！

非常感谢您给予本次调查的支持和帮助！

该问卷主要调查贵企业与供应商之间的相关情况。“1”代表完全不同意，“7”代表完全同意，分值越高，代表越同意。所有问项的答案均没有对错之分，由于任何一题的遗漏都将导致整份问卷作废，因此请您回答问卷中的每一个问题，并在相应位置打“√”或标记。

本调查采用匿名方式，您所提供的信息仅用于学术研究，不提供给其他个人或组织，请放心填写！您的回答对我们的研究非常重要，期待您的参与和支持！

第一部分　题项表（请直接在选项上画“√”）

“1”代表完全不同意，“7”代表完全同意，分值越高，代表越同意	完全不同意	基本不同意	有点不同意	不能确定	有点同意	基本同意	完全同意
A1. 我们与厂商直接管理人员相互间认为对方是自己的朋友	1	2	3	4	5	6	7
A2. 在非工作问题上，我们与厂商直接管理人员相互间也愿意互相帮忙	1	2	3	4	5	6	7
A3. 我们与厂商直接管理人员经常一起谈论一些私人问题	1	2	3	4	5	6	7
A4. 即使工作关系结束，我们与厂商直接管理人员之间也会保持经常联系	1	2	3	4	5	6	7
CP1. 厂商直接管理人员只关心他自己的利益	1	2	3	4	5	6	7
CP2. 我不信任厂商直接管理人员	1	2	3	4	5	6	7

续表

"1"代表完全不同意，"7"代表完全同意，分值越高，代表越同意	完全不同意	基本不同意	有点不同意	不能确定	有点同意	基本同意	完全同意
CP3. 厂商直接管理人员总是能履行他所做的承诺	1	2	3	4	5	6	7
CP4. 厂商直接管理人员是值得信赖的	1	2	3	4	5	6	7
TP1. 有时我们对厂商在某些事上做了承诺，但后来却没有真的去做，鉴于个人关系，厂商管理人员也经常不计较	1	2	3	4	5	6	7
TP2. 有时为了保护我们自己的利益而不遵守与厂商达成的协议，鉴于个人关系，厂商管理人员也经常不予追究	1	2	3	4	5	6	7
TP3. 有时我们不得不隐瞒一些事实，以便从厂商那里得到我们想要的，鉴于个人关系，厂商管理人员也经常容忍	1	2	3	4	5	6	7
TP4. 有时为了获取更多的利润，我们在所控范围内做任何可以做的事情，鉴于个人关系，厂商管理人员也经常不计较	1	2	3	4	5	6	7
TW1. 基于工作关系，厂商管理人员会容忍我们偶尔给厂商提供一些不真实信息的行为	1	2	3	4	5	6	7
TW2. 基于工作关系，厂商管理人员经常会容忍我们没有兑现承诺的行为	1	2	3	4	5	6	7
TW3. 基于工作关系，厂商管理人员会容忍我们偶尔不遵守与厂商达成的协议的行为	1	2	3	4	5	6	7
TW4. 基于工作关系，厂商管理人员会容忍我们偶尔隐瞒一些事实的行为	1	2	3	4	5	6	7
TW5. 有时，基于工作关系，厂商管理人员会容忍我们为利润而在所控制范围内做任何可以做的事	1	2	3	4	5	6	7
SO1. 有时，为了保护我们的利益，我们并不完全共享合同规定的关键信息	1	2	3	4	5	6	7
SO2. 我们会尽力获取厂商的关键资源	1	2	3	4	5	6	7
SO3. 有时，我们没有按照合同要求在销售管理和人力等方面进行投资	1	2	3	4	5	6	7
SO4. 有时，为了获取利益，我们会违反部分合同规定	1	2	3	4	5	6	7
WO1. 在当前关系中，我们有时没有尽力合作	1	2	3	4	5	6	7
WO2. 有时，我们对厂商在某些事上做了承诺，但后来却没有真的去做	1	2	3	4	5	6	7
WO3. 有时，我们会在交易关系中更多考虑我们的利益	1	2	3	4	5	6	7
WO4. 有时，我们不会做出调整来适应厂商的特殊要求	1	2	3	4	5	6	7
D1. 如果终止与该供应商的关系，我们将要花费很大的精力寻找新的供应商	1	2	3	4	5	6	7
D2. 我们可以找到其他公司提供与现厂商相同的产品	1	2	3	4	5	6	7
D3. 如果我们找其他公司代替现厂商，会给我们带来损失	1	2	3	4	5	6	7
D4. 我们很难找到别的公司，像现厂商一样带给我们这么多销售额和利润	1	2	3	4	5	6	7

续表

"1"代表完全不同意，"7"代表完全同意，分值越高，代表越同意	完全不同意	基本不同意	有点不同意	不能确定	有点同意	基本同意	完全同意
GO1. 生意场上亲友要在关键的时刻帮忙	1	2	3	4	5	6	7
GO2. 帮助亲友不应追求回报	1	2	3	4	5	6	7
GO3. 从长远来看，友情比利润重要	1	2	3	4	5	6	7
GO4. 商业往来中要尽量避免冲突	1	2	3	4	5	6	7
GO5. 商业往来中要给朋友面子	1	2	3	4	5	6	7
GO6. 当与朋友做生意时，不要怀疑他们	1	2	3	4	5	6	7
GO7. "朋友义气"是增进有利商业关系的一种重要方式	1	2	3	4	5	6	7

第二部分　基本情况（请直接在选项上画"√"）

1. 贵企业所经销的产品

（1）食品、饮料和烟草制品　　（2）纺织、服装及日用品

（3）矿产品、建材、化工产品　　（4）五金、家具及室内装修建材

（5）医药及医疗器械材料　　（6）家用电器及电子产品

（7）汽车、摩托车、燃料及零配件

（8）其他__________（若为其他，请填写所经销产品）

2. 贵企业的性质：（1）国有企业　（2）民营企业　（3）合资企业

（4）外资企业　（5）其他

3. 贵企业规模：（1）99 人以下　（2）100~499 人　（3）500~999 人

（4）1 000 人以上

4. 贵企业与供应商保持交易关系持续时间为：

（1）刚建立　（2）1~2 年　（3）2~5 年　（4）5 年及以上

5. 贵企业的经理（老板）和供应商之间的关系：

（1）以前曾是供应商的员工

（2）和供应商内部人员有亲戚关系

（3）和供应商管理人员（除负责本企业的直接管理人员以外）有很好的私人关系

（4）和供应商负责本企业直接管理人员私人关系很好

（5）和供应商之间只是正常的工作关系

6. 个人信息

（1）您的性别：①男　　②女

（2）您的年龄：①24 岁及以下　②25~35 岁　③36~45 岁　④46 岁及以上

（3）您的学历：①硕士及以上　②本科　③大专　④中专、高中及以下

（4）您的职务：①总经理　②销售经理　③主管　④业务员

（5）您从事目前工作的年限：①1 年以内　②1~5 年　③5~10 年　④10 年以上